PSYCHOLOGIE COLLECTIVE ET ANALYSE DU MOI

SIGMUND FREUD

TRADUCTION PAR
SAMUEL JANKÉLÉVITCH

ALICIA ÉDITIONS

TABLE DES MATIÈRES

1

INTRODUCTION

L'opposition entre la psychologie individuelle et la psychologie sociale ou collective, qui peut, à première vue, paraître très profonde, perd beaucoup de son acuité lorsqu'on l'examine de plus près. Sans doute, la première a pour objet l'individu et recherche les moyens dont il se sert et les voies qu'il suit pour obtenir la satisfaction de ses désirs et besoins, mais, dans cette recherche, elle ne réussit que rarement, et dans des cas tout à fait exceptionnels, à faire abstraction des rapports qui existent entre l'individu et ses semblables. C'est qu'autrui joue toujours dans la vie de l'individu le rôle d'un modèle, d'un objet, d'un associé ou d'un adversaire, et la psychologie individuelle se présente dès le début comme étant en même temps, par un certain côté, une psychologie sociale, dans le sens élargi, mais pleinement justifié, du mot.

L'attitude de l'individu à l'égard de ses parents, de ses frères et sœurs, de la personne aimée, de son médecin, bref tous les rapports qui ont jusqu'à présent fait l'objet de recherches psychanalytiques, peuvent à juste titre être considérés comme des phénomènes sociaux, ce qui les met en opposition avec certains autres processus auxquels nous avons donné le nom de narcissiques, parce qu'ils sont caractérisés par le fait que la satisfaction de besoins et de désirs est recherchée et obtenue par l'individu en dehors et indépendamment de l'influence d'autres personnes. C'est ainsi que l'opposition entre les actes psychiques sociaux et narcissiques *(autistiques,* selon la terminologie de Bleuler [1]) est une opposition qui ne dépasse pas les limites de la psychologie individuelle et ne justifie pas une séparation entre celle-ci et la psychologie sociale ou collective.

Dans son attitude à l'égard des parents, des frères et sœurs, de la personne aimée, de l'ami et du médecin, l'individu ne subit l'influence que d'une seule personne ou que d'un nombre limité de personnes dont chacune a acquis pour lui une importance de premier ordre. Or, lorsqu'on parle de la psychologie sociale ou collective, on fait généralement abstraction de ces rapports, pour ne considérer que l'influence simultanée qu'exercent sur l'individu un grand nombre de personnes qui, sous beaucoup de rapports, peuvent lui être étrangères, mais auxquelles le rattachent cependant certains liens. C'est ainsi que la psychanalyse collective envisage l'individu en tant que membre d'une tribu, d'un peuple, d'une caste, d'une classe sociale, d'une institution, ou en tant qu'élément d'une foule humaine qui, à un moment donné et en vue d'un but donné, s'est organisée en une masse, en une collectivité. Après avoir rompu les liens naturels que nous avons mentionnés plus haut, on fut amené à considérer les phénomènes qui se produisent dans ces conditions particulières comme des manifestations d'une tendance spéciale, irréductible — *herd instinct, group mind* — n'apparaissant pas dans d'autres situations. Nous devons cependant déclarer que nous nous refusons à attribuer au facteur numérique une importance aussi considérable et à admettre qu'il soit seul capable de faire naître dans la vie psychique de l'homme un instinct nouveau, ne se manifestant pas dans d'autres conditions. Nous postulons plutôt deux autres possibilités, à savoir que l'instinct en question est loin d'être un instinct primaire et irréductible et qu'il existe déjà, ne serait-ce qu'à l'état d'ébauche, dans des cercles plus étroits, comme celui de la famille.

La psychologie collective, bien qu'elle n'en soit encore qu'à ses débuts, embrasse un nombre incalculable de problèmes et impose au chercheur des tâches innombrables, encore mal ou insuffisamment différenciées. La seule classification des différentes formes de groupements collectifs et la description des phénomènes psychiques par lesquels ils se manifestent exigent un énorme travail d'observation et d'exposition et ont déjà engendré une très riche littérature. Étant donnée l'étendue du domaine de la psychologie collective, j'ai à peine besoin d'avertir le lecteur que mon modeste travail ne touche qu'à quelques points, très peu nombreux, de ce vaste sujet. Il est vrai que ce sont là les points qui intéressent plus particulièrement la psychanalyse, dans ses sondages de l'âme humaine.

2

L'ÂME COLLECTIVE
D'APRÈS GUSTAVE LE BON

Nous pourrions commencer par une définition de l'âme collective, mais il nous semble beaucoup plus rationnel de donner au lecteur un aperçu d'ensemble des phénomènes qui s'y rattachent, en mettant sous ses yeux quelques-uns d'entre eux, choisis parmi les plus saillants et les plus caractéristiques et en les faisant servir de point de départ à nos recherches ultérieures. Ce double but ne saurait être mieux réalisé qu'en prenant pour guide le livre, devenu justement célèbre, de M. Gustave Le Bon : *Psychologie des foules* [1].

Voici, une fois de plus, quelle est exactement la situation : Après avoir examiné et analysé les prédispositions, tendances, instincts, mobiles et intentions de l'individu jusque dans ses actions et dans ses rapports avec ses semblables, la psychologie verrait subitement se dresser devant elle une nouvelle tâche réclamant impérieusement une solution. Elle aurait à fournir l'explication de ce fait surprenant que l'individu qu'elle croyait avoir rendu intelligible, se met, dans certaines conditions, à sentir, à penser et à agir d'une manière toute différente de celle à laquelle on pourrait s'attendre, et que ces conditions sont fournies par son incorporation dans une foule humaine ayant acquis le caractère d'une « foule psychologique ». Qu'est-ce donc qu'une foule ? D'où lui vient le pouvoir d'exercer une influence aussi décisive sur la vie psychique de l'individu ? En quoi consistent les modifications psychiques qu'elle fait subir à l'individu ?

C'est la tâche de la psychologie collective théorique de fournir des réponses à ces trois questions. Et pour bien s'acquitter de cette tâche, elle doit commencer par la troisième. C'est, en effet, l'observation des modifications imprimées aux réactions individuelles qui forme la matière de la psychologie collective. Or, tout essai d'explication doit être précédé de la description de ce qui est à expliquer.

Je laisse donc la parole à M. Le Bon. « Le fait le plus frappant, dit-il, présenté par une foule psychologique est le suivant : quels que soient les individus qui la composent, quelque semblables ou dissemblables que puissent être leur genre de vie, leurs occupations, leur caractère ou leur intelligence, le seul fait qu'ils sont transformés en foule, les dote d'une sorte d'âme collective. Cette âme les fait sentir, penser et agir d'une façon tout à fait différente de celle dont sentirait et agirait chacun d'eux isolément. Certaines idées, certains sentiments ne surgissent et ne se transforment en actes que chez les individus en foule. La foule psychologique est un être provisoire, composé d'éléments hétérogènes, pour un instant soudés, absolument comme les cellules d'un corps vivant forment par leur réunion un être nouveau manifestant des caractères fort différents de ceux que chacune de ces cellules possède »[2].

Nous prenons la liberté d'interrompre l'exposé de M. Le Bon par nos commentaires et nous commençons par formuler la remarque suivante : puisque les individus faisant partie d'une foule sont fondus en une unité, il doit bien y avoir quelque chose qui les rattache les uns aux autres, et il est possible que ce quelque chose soit précisément ce qui caractérise la foule. Laissant cette question sans réponse, M. Le Bon s'occupe des modifications que l'individu subit dans la foule et les décrit dans des termes qui s'accordent avec les principes fondamentaux de notre psychologie de l'inconscient.

« On constate aisément combien l'individu en foule diffère de l'individu isolé, mais d'une pareille différence les causes sont moins faciles à découvrir. Pour arriver à les entrevoir, il faut se rappeler d'abord cette observation de la psychologie moderne : que ce n'est pas seulement dans la vie organique, mais encore dans le fonctionnement de l'intelligence que les phénomènes inconscients jouent un rôle prépondérant. La vie consciente de l'esprit ne représente qu'une très faible part auprès de sa vie inconsciente. L'analyste le plus subtil, l'observateur le plus pénétrant n'arrive à découvrir qu'un bien petit nombre des mobiles inconscients qui le mènent. Nos actes conscients dérivent d'un substratum inconscient, formé surtout d'influences héréditaires. Ce substratum renferme les innombrables résidus ancestraux qui constituent l'âme de la race. Derrière les causes avouées de nos actes, se trouvent des causes secrètes, ignorées de nous. La plupart de nos actions journalières sont l'effet de mobiles cachés qui nous échappent [3].

Dans une foule, pense M. Le Bon, les acquisitions individuelles s'effacent et la personnalité propre à chacun disparaît. Le patrimoine inconscient de la race vient occuper le premier plan, l'hétérogène se fond dans l'homogène. Nous dirons que la superstructure psychique, qui s'est formée à la suite d'un développement variant d'un individu à l'autre, a été détruite et a mis à nu la base inconsciente, uniforme, commune à tous.

C'est ainsi que se formerait le caractère moyen de l'individu d'une foule. Mais M. Le Bon trouve que l'individu faisant partie d'une foule présente en outre des propriétés nouvelles qu'il ne possédait pas auparavant, et il cherche à expliquer cette apparition de nouvelles propriétés par trois facteurs différents.

« Diverses causes déterminent l'apparition des caractères spéciaux aux foules. La première est que l'individu en foule acquiert, par le fait seul du nombre, un sentiment de puissance invincible lui permettant de céder à des instincts que, seul, il eût forcément refrénés. Il y cédera d'autant plus volontiers que, la foule étant anonyme et par conséquent irresponsable, le sentiment de la responsabilité, qui retient toujours les individus, disparaît entièrement [4] ».

Notre point de vue nous dispense d'attacher une grande valeur à l'apparition de nouveaux caractères. Il nous suffit de dire que l'individu en foule se trouve placé dans des conditions qui lui permettent de relâcher la répression de ses tendances inconscientes. Les caractères en apparence nouveaux qu'il manifeste alors ne sont précisément que des manifestations de cet inconscient où sont emmagasinés les germes de tout ce qu'il y a de mauvais dans l'âme humaine ; que la voix de la conscience se taise ou que le sentiment de la responsabilité disparaisse dans ces circonstances, c'est là un fait que nous n'avons aucune difficulté à comprendre. Nous avons dit, il y a longtemps, que c'est l'« angoisse sociale » qui forme le noyau de ce qu'on appelle la conscience morale [5].

« Une seconde cause, la contagion mentale, intervient également pour déterminer chez les foules la manifestation de caractères spéciaux, et en même temps leur orientation. La contagion est un phénomène aisé à constater, mais non expliqué encore et qu'il faut rattacher aux phénomènes d'ordre hypnotique que nous étudierons dans un instant. Chez une foule, tout sentiment, tout acte est contagieux, et contagieux à ce point que l'individu sacrifie très facilement son intérêt personnel à l'intérêt collectif. C'est là une aptitude contraire à sa nature, et dont l'homme ne devient guère capable que lorsqu'il fait partie d'une foule [6].

« Une troisième cause, et de beaucoup la plus importante, détermine dans des individus en foule des caractères spéciaux, parfois fort opposés à ceux de l'individu isolé. Je veux parler de la suggestibilité, dont la contagion, mentionnée plus haut, n'est d'ailleurs qu'un effet. Pour comprendre ce phénomène, il faut avoir présentes à l'esprit certaines découvertes récentes de la physiologie. Nous savons aujourd'hui qu'un individu peut être placé dans un état tel qu'ayant perdu sa personnalité consciente, il obéisse à toutes les suggestions de l'opérateur qui la lui a fait perdre et commette les actes les plus contraires à son caractère et à ses habitudes. Or, des observations attentives paraissent prouver que l'individu plongé depuis quelque temps au sein d'une foule agissante tombe bientôt, par suite des effluves qui s'en dégagent, ou pour toute autre cause encore ignorée, dans un état particulier, se rapprochant beaucoup de l'état de fascination de l'hypnotisé entre les mains de son hypnotiseur. La vie du cerveau étant paralysée chez le sujet hypnotisé, celui-ci devient l'esclave de toutes ses activités inconscientes, que l'hypnotiseur dirige à son gré. La personnalité consciente est évanouie, la volonté et le discernement sont abolis. Sentiments et pensées sont alors orientés dans le sens déterminé par l'hypnotiseur.

« Tel est à peu près l'état de l'individu faisant partie d'une foule. Il n'est plus conscient de ses actes. Chez lui comme chez l'hypnotisé, tandis que certaines facultés sont détruites, d'autres peuvent être amenées à un degré d'exaltation extrême. L'influence d'une suggestion le lancera avec une irrésistible impétuosité vers l'accomplissement de certains actes. Impétuosité plus irrésistible encore dans les foules que chez le sujet hypnotisé, car la suggestion, étant la même pour tous les individus, s'exagère en devenant réciproque [7].

« ... Donc, évanouissement de la personnalité consciente, prédominance de la personnalité inconsciente, orientation par voie de suggestion et de contagion des sentiments et des idées dans le même sens, tendance à transformer immédiatement en actes les idées suggérées, tels sont les principaux caractères de l'individu en foule. Il n'est plus lui-même, mais un automate que la volonté est devenue impuissante à guider [8]. »

Nous avons cité ce passage tout au long, pour montrer que M. Le Bon ne compare pas seulement l'état de l'individu en foule avec l'état hypnotique, mais établit une véritable identité entre l'un et l'autre. Nous n'avons nullement l'intention d'engager ici une discussion, mais nous tenons à relever que les deux dernières causes de la transformation de l'individu faisant partie d'une foule, la contagion et la suggestibilité plus grande, ne sont évidemment pas à mettre au même niveau, car la contagion est, à son tour, une manifestation de la suggestibilité. Il nous semble que M. Le Bon n'établit pas une distinction bien nette entre les effets produits par ces deux causes. Peut-être interpréterons-nous mieux sa pensée en disant que la contagion résulte de l'action réciproque que les membres de la foule exercent les uns sur les autres, tandis que les phénomènes de suggestion que M. Le Bon identifie avec l'influence hypnotique proviendraient d'une autre source. De laquelle alors ? Nous trouvons une lacune sensible dans le fait qu'un des principaux termes de cette identification, à savoir la personne qui, dans la foule, remplace l'hypnotiseur, ne trouve aucune mention dans l'exposé de M. Le Bon. Quoi qu'il en soit, il distingue de cette influence fascinante, qu'il laisse dans l'ombre, l'action contagieuse que les individus exercent les uns sur les autres et qui vient renforcer la suggestion primitive.

Voici encore un autre point de vue important pour caractériser l'individu en foule : « Par le fait seul qu'il fait partie d'une foule, l'homme descend donc plusieurs degrés sur l'échelle de la civilisation. Isolé, c'était peut-être un individu cultivé ; en foule, c'est un instinctif, par conséquent un barbare. Il a la spontanéité, la violence, la férocité, et aussi les enthousiasmes et les héroïsmes des êtres primitifs [9]. » L'auteur insiste ensuite tout particulièrement sur la diminution de l'activité intellectuelle que son absorption par la foule détermine chez l'individu [10].

Laissons maintenant l'individu et considérons l'âme collective, telle qu'elle est esquissée par M. Le Bon. Dans cette description, il n'est pas un trait dont le psychanalyste ne soit à même d'indiquer l'origine et qu'il ne puisse classer. M. Le Bon nous montre d'ailleurs lui-même le bon chemin, en faisant ressortir les ressemblances qui existent entre l'âme de la foule et la vie psychique des primitifs et des enfants [11].

La foule est impulsive, mobile et irritable. Elle se laisse guider presque uniquement par l'inconscient [12]. Les impulsions auxquelles la foule obéit peuvent, selon les circonstances, être nobles ou cruelles, héroïques ou lâches, mais elles sont toujours tellement impérieuses que l'intérêt de la conservation lui-même s'efface devant elles [13]. Rien n'est prémédité chez elle. Alors même qu'elle désire une chose passionnément, elle ne la désire jamais longtemps, elle est incapable d'une volonté persévérante. Elle ne supporte aucun délai entre le désir et sa réalisation. Elle éprouve le sentiment de la toute-puissance ; pour l'individu faisant partie d'une foule, la notion de l'impossible n'existe pas [14].

La foule est extraordinairement influençable et crédule, elle est dépourvue de sens critique, l'invraisemblable n'existe pas pour elle. Elle pense par images qui s'appellent les unes les autres à la faveur de l'association, comme dans les états où l'individu donne libre cours à son imagination, sans qu'une instance rationnelle intervienne pour juger du degré de leur conformité à la réalité. Les sentiments de la foule sont toujours très simples et très exaltés. Aussi la foule ne connaît-elle ni doute ni incertitude [15].

« Elles (les foules) vont tout de suite aux extrêmes. Le soupçon énoncé se transforme tout de suite en évidence indiscutable. Un commencement d'antipathie... devient aussitôt une haine féroce [16] ».

Portée à tous les extrêmes, la foule n'est influencée que par des excitations exagérées. Quiconque veut agir sur elle, n'a pas besoin de donner à ses arguments un caractère logique : il doit présenter des images aux couleurs les plus criardes, exagérer, répéter sans cesse la même chose.

« Ne gardant aucun doute sur ce qu'elle croit vérité ou erreur et possédant d'autre part la notion claire de sa force, la foule est aussi autoritaire qu'intolérante... Les foules respectent la force et sont médiocrement impressionnées par la bonté, facilement considérée comme une forme de la faiblesse. Ce que la foule exige de ses héros, c'est la force, voire la violence. Elle veut être dominée et subjuguée et craindre son maître... En fait, les foules ont des instincts conservateurs irréductibles et, comme tous les primitifs, un respect fétichiste pour les traditions, une horreur inconsciente des nouveautés capables de modifier leurs conditions d'existence ».

Si l'on veut se faire une idée exacte de la moralité des foules, on doit prendre en considération le fait que chez les individus réunis en foule toutes les inhibitions individuelles ont disparu, alors que les instincts cruels, brutaux, destructeurs, survivances des époques primitives, qui dorment au fond de chacun, sont éveillés et cherchent à se satisfaire. Mais sous l'influence de la suggestion, les foules sont également capables de résignation, de désintéressement, de dévouement à un idéal. Alors que l'avantage personnel constitue chez l'individu isolé à peu près le seul mobile d'action, il ne détermine que rarement la conduite des foules. On peut même parler d'une moralisation de l'individu par la foule [17]. Alors que le niveau intellectuel de la foule est toujours inférieur à celui de l'individu, son comportement moral peut aussi bien dépasser le niveau moral de l'individu que descendre bien au-dessous de ce niveau.

Quelques traits de la caractéristique des foules, telles que la retrace M. Le Bon, montrent à quel point est justifiée l'identification de l'âme de la foule avec l'âme des primitifs. Chez les foules, les idées les plus opposées peuvent coexister, sans se gêner mutuellement, sans qu'un conflit résulte de leur contradiction logique. Or, la psychanalyse a montré que tel est également le cas de l'individu-enfant ou de l'individu névrotique [18].

En outre, la foule est éminemment accessible à la force véritablement magique des mots, qui sont capables tantôt de provoquer dans l'âme collective les tempêtes les plus violentes, tantôt de la calmer et de l'apaiser. « La raison et les arguments ne sauraient lutter contre certains mots et certaines formules. On les prononce avec recueillement devant les foules ; et, tout aussitôt, les visages deviennent respectueux et les fronts s'inclinent. Beaucoup les considèrent comme des forces de la nature, de puissances surnaturelles [19] ». Il suffit de penser à ce propos au tabou des noms chez les primitifs, aux forces magiques qui, dans leur esprit, se rattachent aux noms et aux mots [20].

Et enfin : les foules n'ont jamais connu la soif de la vérité. Elles demandent des illusions auxquelles elles ne peuvent pas renoncer. Elles donnent toujours la préférence à l'irréel sur le réel ; l'irréel agit sur elles avec la même force que le réel. Elles ont une visible tendance à ne pas faire de distinction entre l'un et l'autre.

Nous avons vu le rôle que cette prédominance de la vie imaginative et des illusions nourries par les désirs insatisfaits joue dans la détermination des névroses. Nous avons trouvé que pour le névrotique la seule réalité ayant de la valeur est la réalité psychique, et non la réalité objective, la réalité de tout le monde. Un symptôme hystérique est fondé sur un élément imaginaire, au lieu de reproduire un événement de la réalité. Un sentiment de culpabilité obsédant repose sur le fait d'un projet malveillant qui n'a jamais reçu un commencement d'exécution. Comme dans le rêve et dans l'hypnose, l'épreuve par la réalité ne résiste pas, dans l'activité psychique des foules, à la force des désirs surchargés d'affectivité.

Ce que M. Le Bon dit des meneurs de foules est moins satisfaisant et laisse moins bien entrevoir les lois qui régissent ce phénomène. Toutes les fois, pense-t-il, que les êtres vivants, plus ou moins nombreux, se trouvent réunis, qu'il s'agisse d'un troupeau animal ou d'une foule humaine, ils se mettent aussitôt instinctivement sous l'autorité d'un chef. La foule est un troupeau docile, incapable de vivre sans un maître. Elle a une telle soif d'obéir qu'elle se soumet instinctivement à celui qui s'érige en son chef.

Mais si la foule a besoin d'un chef, encore faut-il que celui-ci possède certaines aptitudes personnelles. Il doit être lui-même fasciné par une profonde croyance (en une idée) pour pouvoir faire naître la foi chez la foule ; il doit posséder une volonté puissante, impérieuse, susceptible d'animer la foule qui, elle, est dépourvue de volonté. M. Le Bon parle ensuite des différentes catégories de meneurs et des moyens par lesquels ils agissent sur la foule. En dernière analyse, il voit la cause de l'influence des meneurs dans les idées par lesquelles ils sont eux-mêmes fascinés.

À ces idées, de mêmes qu'aux meneurs, il attribue en outre une puissance mystérieuse et irrésistible qu'il appelle « prestige ». « Le prestige est... une sorte de fascination qu'exerce sur notre esprit un individu, une œuvre ou une doctrine. Cette fascination paralyse toutes nos facultés critiques et remplit notre âme d'étonnement et de respect. Les sentiments alors provoqués sont inexplicables, comme tous les sentiments, mais probablement du même ordre que la suggestion subie par un sujet magnétisé [21] ».

Il distingue un prestige acquis ou artificiel et un prestige personnel. Le premier est conféré aux personnes par leur nom, leur richesse, leur honorabilité, aux doctrines et aux œuvres d'art par la tradition. Comme il a dans tous les cas sa source dans le passé, il ne nous aide guère à comprendre la nature de cette mystérieuse influence. Le prestige personnel n'est l'apanage que de rares personnes qui, de ce fait même, s'imposent en chefs et se font obéir comme par magie. Mais quel que soit le prestige, il dépend du succès et disparaît à la suite d'insuccès répétés.

On ne peut s'empêcher de trouver que ce que M. Le Bon dit du rôle des meneurs et de la nature du prestige ne s'accorde pas tout à fait avec sa peinture si brillante de l'âme collective.

3
AUTRES CONCEPTIONS DE LA VIE PSYCHIQUE COLLECTIVE

Nous nous sommes servis, à titre d'introduction, de l'exposé de M. Le Bon, parce que, par l'accent qu'elle met sur le rôle inconscient de la vie psychique, la psychologie de cet auteur se rapproche considérablement de la nôtre. Nous devons toutefois ajouter que ses affirmations ne nous apportent rien de nouveau. Le mépris et le dédain avec lesquels il s'exprime sur les manifestations de l'âme des foules ont déjà été exprimés avant lui, avec autant de force et d'hostilité et presque dans les mêmes termes, par des penseurs, des hommes d'État et des poètes de toutes les époques et de tous les pays [1]. Les deux propositions qui contiennent les conceptions les plus importantes de M. Le Bon, celles relatives à l'inhibition collective du fonctionnement intellectuel et à l'exagération de l'affectivité des foules, ont été formulées peu de temps avant lui par Sighele [2]. Ce qui reste particulier à M. Le Bon, c'est sa conception de l'inconscient et la comparaison avec la vie psychique des primitifs, bien que sur ces points encore il eût également des précurseurs.

Mais mieux que cela : la description et l'appréciation de l'âme collective, telles que nous les trouvons chez Le Bon et d'autres, n'ont pas été sans soulever des objections. Sans doute, tous les phénomènes de l'âme collective qu'ils ont décrits ont été exactement observés, mais on peut leur opposer d'autres manifestations des formations collectives, susceptibles de suggérer un jugement plus favorable sur l'âme des foules.

M. Le Bon lui-même était tout disposé à convenir que, dans certaines circonstances, la moralité des foules peut être plus élevée que celle des individus qui la composent et que seules les collectivités sont capables de faire preuve d'un grand désintéressement et d'un grand esprit de sacrifice.

« Alors que l'avantage personnel constitue chez l'individu à peu près le seul mobile d'action, il ne joue que très rarement un rôle prépondérant chez les foules. »

D'autres font valoir le fait que c'est la société qui impose les normes de la morale à l'individu, lequel, abandonné à lui-même, serait incapable de s'élever jusqu'à elles ; on assure que, dans certaines circonstances exceptionnelles, on voit se produire dans une collectivité une explosion d'enthousiasme qui rend les masses capables des actes les plus nobles et les plus généreux.

En ce qui concerne la production intellectuelle, il reste entendu que les grandes créations de la pensée, les découvertes capitales et les solutions décisives de graves problèmes ne peuvent résulter que du travail individuel, accompli dans la solitude et le recueillement. Cependant l'âme collective est, elle aussi, capable de création spirituelle, ainsi que nous le prouvent la langue, les chants populaires, le folklore, etc. Il s'agit de savoir, en outre, si et dans quelle mesure le penseur ou le poète travaillent vraiment en isolés, s'ils ne sont vraiment redevables en rien à la masse, s'ils n'empruntent pas à celle-ci les matériaux de leurs créations, pour leur donner une expression consciente et une forme achevée.

En présence de ces contradictions en apparence irréductibles, il semble que le travail de la psychologie collective doive rester un jeu stérile. Il est cependant facile de trouver une issue vers une solution satisfaisante. On a probablement confondu sous la détermination générique de « foules » des formations différentes, entre lesquelles il importe d'établir une distinction. Les données de Sighele, Le Bon et autres se rapportent à des foules passagères, se formant rapidement, grâce à l'association d'un certain nombre d'individus mûs par un intérêt commun, mais différant les uns des autres sous tous les rapports essentiels. Il est certain que ces auteurs ont été influencés dans leurs descriptions par les caractères des foules révolutionnaires, surtout de celles de la grande Révolution française. Quant aux affirmations opposées, elles résultent des observations faites sur des foules stables ou des associations permanentes dans lesquelles les hommes passent leur vie entière et qui s'incarnent dans des institutions sociales. Les foules de la première catégorie sont à celles de la seconde ce que les vagues courtes, mais hautes, sont à la vaste surface de la mer.

M. Mc Dougall qui, dans son livre *The group Mind*, constate la même contradiction, croit pouvoir la résoudre en introduisant le facteur organisation. Dans le cas le plus simple, dit-il, la masse (group) ne possède aucune organisation ou ne possède qu'une organisation rudimentaire. Il appelle cette masse inorganisée ou à peine organisée foule (crowd). Sans doute, une foule ne se forme pas et ne peut subsister sans un commencement d'organisation, et c'est dans ces masses simples et rudimentaires qu'apparaissent avec le plus de netteté quelques-uns des phénomènes les plus fondamentaux de la psychologie collective [3]. Pour que les membres accidentellement réunis d'une foule humaine forment une masse au sens psychologique du mot, il faut qu'il y ait entre les individus quelque chose de commun, il faut qu'ils s'intéressent tous au même objet, qu'ils éprouvent les mêmes sentiments en présence d'une situation donnée et (j'ajouterais : par conséquent) qu'ils possèdent, dans une certaine mesure, la faculté d'influer les uns sur les autres (« some degree of reciprocal influence between the members of the group ») [4]. Plus cette homogénéité mentale et affective est forte, et plus il y a de chances que les individus forment une masse psychologique, douée d'une âme collective dont les manifestations sont telles que leur nature ne laisse place à aucun doute.

Le phénomène le plus remarquable et, en même temps, le plus important d'une formation collective consiste dans l'exaltation et l'intensification de l'émotivité chez les individus dont elle se compose [5].

On peut dire, ajoute M. Mc Dougall, qu'il n'existe guère d'autres conditions où les sentiments humains atteignent une intensité égale à celle que l'on observe chez les hommes réunis en une foule ; et ceux-ci éprouvent certainement une sensation voluptueuse à s'abandonner à ce point à leur passion, en se fondant dans la foule, en perdant le sentiment de leur délimitation individuelle. Cette absorption de l'individu par la foule, M. Mc Dougall l'explique par ce qu'il appelle l'induction directe des émotions, effet de « la réaction sympathique primitive [6] », autrement dit par ce que nous autres psychanalystes connaissons déjà sous le nom de contagion affective. Il est de fait que les signes perçus d'un état affectif sont de nature à provoquer automatiquement chez le sujet qui les perçoit l'acte que ces signes expriment. Cette réaction automatique est d'autant plus intense que le nombre de personnes chez lesquelles on constate la même émotion est plus grand. Alors l'individu devient incapable d'observer une attitude critique et se laisse gagner par la même émotion. Mais en partageant l'excitation de ceux dont il a subi l'action, il augmente leur propre excitation, et c'est ainsi que la charge affective des individus s'intensifie par induction réciproque. On se trouve comme poussé et contraint à imiter les autres, à se mettre à l'unisson avec les autres. Plus les émotions sont grossières et élémentaires, et plus elles ont de chances de se propager de cette manière à travers la masse [7].

Ce mécanisme de l'intensification affective est favorisé par d'autres influences encore, émanant de la foule. La foule donne à l'individu l'impression d'une puissance illimitée et d'un danger invincible. Elle prend momentanément la place de l'ensemble de la société humaine, incarnation de l'autorité dont on craint les châtiments et pour laquelle on s'impose tant d'entraves et de restrictions. Il est évidemment dangereux de se mettre en opposition avec elle, et pour assurer sa sécurité, chacun n'a qu'à suivre l'exemple qu'il voit autour de lui, à « hurler avec les loups ». Dans l'obéissance à la nouvelle autorité, on doit faire taire sa « voix de conscience » dont les interdictions et les commandements seraient de nature à empêcher l'individu de jouir de tous les avantages hédoniques dont il jouit dans la foule. Aussi ne devons-nous pas nous étonner de voir l'individu faisant partie d'une foule accomplir et approuver des choses dont il se détournerait dans les conditions ordinaires de sa vie, et nous avons même des raisons d'espérer que ce fait nous permettra de projeter un peu de lumière dans l'obscurité de ce qu'on désigne sous le nom énigmatique de « suggestion ».

M. Mc Dougall ne conteste pas le fait de l'abaissement du niveau intellectuel dans la foule [8]. Il dit que les intelligences inférieures attirent à leur niveau les supérieures. Celles-ci sont entravées dans leur activité, parce que l'exagération de l'affectivité crée, en général, des conditions défavorables au travail intellectuel, parce que les individus, intimidés par la foule, ne peuvent se livrer librement à ce travail et parce que la responsabilité de son activité se trouve diminuée chez chaque individu du fait même de son absorption par la foule.

Le jugement d'ensemble que M. Mc Dougall formule sur l'activité psychique des foules simples, « inorganisées », n'est guère plus favorable ni plus flatteur que celui de M. Le Bon. Voici comment il caractérise une foule de ce genre [9] : elle est, en général, excitable, impulsive, passionnée, versatile, inconséquente, indécise et, en même temps, prompte à agir, accessible seulement aux passions les plus grossières et aux sentiments les plus simples, très facile à suggestionner, superficielle dans ses réflexions, violente dans ses jugements, capable d'assimiler seulement les conclusions et les arguments les plus simples et les moins parfaits, facile à mener et à émouvoir, n'ayant ni conscience ni respect d'elle-même, dépourvue de tout sentiment de responsabilité, prête à se laisser entraîner par le sentiment de sa force à tous les méfaits auxquels nous ne pouvons nous attendre que de la part d'une puissance absolue et irresponsable. Elle se comporte aussi comme un enfant mal élevé ou comme un sauvage passionné et non surveillé qui se trouverait placé dans une situation qui ne lui est pas familière. Dans les cas les plus graves, elle se comporte plutôt comme un troupeau de bêtes sauvages que comme une réunion d'êtres humains.

Comme M. Mc Dougall oppose à cette attitude celle de foules possédant une organisation supérieure, nous sommes très impatients d'apprendre en quoi consiste cette dernière et quels sont les facteurs qui favorisent son établissement. L'auteur énumère cinq de ces principaux facteurs, cinq « conditions principales » nécessaires pour élever le niveau de la vie psychique de la foule.

La première condition, qui est la condition fondamentale, consiste dans un certain degré de continuité quant à la composition de la foule. Cette continuité peut être matérielle ou formelle : dans le premier cas, les mêmes personnes font partie de la foule pendant un temps plus ou moins long ; dans le deuxième, il se forme, à l'intérieur de la foule, certaines situations occupées tour à tour par tels ou tels de ses membres.

Il faut, en deuxième lieu, que tout individu faisant partie de la foule se soit formé, quant à la nature, à la fonction, à l'activité et aux exigences de celle-ci, une idée dont découle son attitude affective à l'égard de l'ensemble de la foule.

Il faut, en troisième lieu, que chaque foule se trouve en rapports avec d'autres formations analogues, mais différant d'elles à beaucoup d'égards ; qu'il existe une sorte de rivalité entre une foule donnée et les autres.

En quatrième lieu, il est nécessaire que la foule possède des traditions, des coutumes, des institutions dont les principales se réfèrent aux relations réciproques de ses membres.

Enfin, en cinquième lieu, la foule doit posséder une organisation, s'exprimant dans la spécialisation et la différenciation des activités assignées à chacun.

Lorsque ces conditions sont réalisées, les inconvénients psychiques que présente une foule se trouveraient supprimés, d'après M. Mc Dougall. On se défend contre l'abaissement collectif du niveau intellectuel, en enlevant à la foule la solution de problèmes intellectuels, pour la confier à des individus.

Il nous semble que la condition que M. Mc Dougall désigne sous le nom d'« organisation » pourrait être décrite autrement. Il s'agit de créer chez la foule les facultés qui étaient précisément caractéristiques de l'individu et que celui-ci a perdues par suite de son absorption par la foule. C'est que l'individu, avant d'être englobé par la foule primitive, possédait sa continuité, sa conscience, ses traditions et habitudes, avait un champ d'activité qui lui était propre, présentait son mode d'adaptation et se tenait à l'écart des autres individus avec lesquels il rivalisait. Toutes ces qualités, l'individu les a perdues provisoirement, à la suite de son entrée dans la foule non « organisée ». Cette tendance à doter la foule des attributs propres à l'individu fait penser à la profonde remarque de W. Trotter [10] qui voit dans la tendance à la formation de groupements massifs une expression biologique, dans l'ordre social, de la structure pluricellulaire des organismes supérieurs.

4

SUGGESTION ET LIBIDO

Nous avons, dans ce qui précède, pris pour point de départ ce fait fondamental que l'individu faisant partie d'une foule subit, sous son influence, des changements profonds portant sur son activité psychique. Son affectivité subit une exagération extraordinaire, tandis que son activité intellectuelle se trouve considérablement réduite et rétrécie, l'exagération de l'une et la réduction de l'autre s'effectuant dans le sens de l'assimilation de chaque individu de la foule à tous les autres. Et ce dernier résultat ne peut être obtenu que par la suppression de tous les modes d'inhibition propres à chacun et par le renoncement à ce que présentent d'individuel et de particulier les tendances de chacun. Nous savons que ces effets, souvent peu désirables, peuvent être neutralisés, en partie du moins, par l'organisation des foules, mais en affirmant cette possibilité, on laisse intact le fait fondamental, à savoir l'exagération de l'affectivité et l'abaissement du niveau intellectuel chez les individus formant partie de la foule primitive. Il s'agit donc de trouver l'explication psychologique de ces modifications psychiques que la foule imprime à l'individu.

Les facteurs rationnels que nous avons déjà mentionnés plus haut, à savoir l'intimidation exercée par la foule sur l'individu et, par conséquent, l'action de l'instinct de conservation subie par celui-ci, ne suffisent évidemment pas à expliquer les phénomènes observés. Toutes les explications qui nous ont été proposées par des auteurs ayant écrit sur la sociologie et sur la psychologie des foules se réduisent, au fond, quoique sous des noms différents, à une seule, à celle qui se résume dans le mot magique suggestion. Il est vrai que Tarde parle d'imitation, mais nous ne pouvons que souscrire à ce que nous dit un auteur, lorsque critiquant les idées de Tarde, il nous montre que l'imitation tombe sous la catégorie de la suggestion et est même une conséquence de celle-ci [1]. M. Le Bon réduit toutes les singularités des phénomènes à deux facteurs : la suggestion réciproque et celle exercée par le chef. Mais le prestige, à son tour, ne s'exerce qu'à la faveur de la suggestion. En ce qui concerne M. Mc Dougall, nous aurions pu croire pendant un moment que son principe de « l'induction affective primaire » nous dispenserait de la nécessité d'admettre la suggestion. Mais en examinant ce principe de plus près, nous nous apercevons qu'il n'exprime pas autre chose que les phénomènes bien connus de « l'imitation », de la « contagion », en insistant seulement sur le côté affectif de ces phénomènes. Que nous ayons une tendance à imiter l'état affectif d'une personne avec laquelle nous nous trouvons en contact, c'est là un fait incontestable. Mais il faut savoir aussi que bien souvent nous résistons à cette tendance, en luttant contre l'état affectif qui veut s'emparer de nous, en réagissant d'une manière souvent diamétralement opposée. On dira que c'est l'influence suggestive de la foule qui nous oblige à obéir à la tendance à l'imitation, en vertu de laquelle nous subissons l'empire d'un état affectif. Toutefois, même en suivant M. Mc Dougall, nous ne sortons pas du domaine de la suggestion ; il ne nous apprend rien de plus que les autres, à savoir que les foules se distinguent par une suggestibilité particulière.

On est ainsi préparé à admettre que la suggestion (ou, plus exactement, la suggestibilité) est un phénomène primitif et irréductible, un fait fondamental de la vie psychique de l'homme. Tel était l'avis de Bernheim dont j'ai pu voir moi-même, en 1889, les tours de force extraordinaires. Mais je me rappelle que déjà alors j'éprouvais une sorte de sourde révolte contre cette tyrannie de la suggestion.

Lorsqu'à un malade qui se montrait récalcitrant, on criait : « Que faites-vous ? Vous vous contre-suggestionnez ! », je ne pouvais m'empêcher de penser qu'on se livrait sur lui à une injustice et à une violence. L'homme avait certainement le droit de se contre-suggestionner, lorsqu'on cherchait à se le soumettre par la suggestion. Mon opposition a pris plus tard la forme d'une révolte contre la manière de penser d'après laquelle la suggestion, qui expliquait tout, n'aurait besoin elle-même d'aucune explication. Et plus d'une fois j'ai cité à ce propos la vieille plaisanterie : « Si saint Christophe supportait le Christ et si le Christ supportait le monde, dis-moi : où donc saint Christophe a-t-il pu poser ses pieds ? [2] ».

En abordant aujourd'hui de nouveau, après trente années d'interruption, l'énigme de la suggestion, je trouve que rien n'y est changé, à une seule exception près qui atteste précisément de l'influence qu'a exercée la psychanalyse. Je constate qu'on cherche plus particulièrement, aujourd'hui à formuler correctement la notion de suggestion, c'est-à-dire à imposer à l'usage de ce terme des règles conventionnelles [3], ce qui, à mon avis, est loin d'être superflu, étant donné que le mot en question, qui trouve des applications de plus en plus larges, finira par perdre complètement son sens primitif et par désigner n'importe quelle influence, comme les mots anglais *to suggest*, suggestion ou le mot français *suggérer* et ses dérivés. Mais nous ne possédons toujours pas d'explication relative à la nature même de la suggestion, c'est-à-dire aux conditions dans lesquelles on subit une influence en l'absence de toute raison logique. Je serais prêt à prouver la justesse de cette affirmation par l'analyse de la littérature de ces trente dernières années, si je ne savais que dans mon entourage on prépare un travail très important sur cette même question.

Aussi essaierais-je seulement d'appliquer à l'explication de la psychologie collective la notion de la *libido* qui nous a déjà rendu de si grands services dans l'étude des psychonévroses.

Libido est un terme emprunté à la théorie de l'affectivité. Nous désignons ainsi l'énergie (considérée comme une grandeur quantitative, mais non encore mesurable) des tendances se rattachant à ce que nous résumons dans le mot amour. Le noyau de ce que nous appelons amour est formé naturellement par ce qui est communément connu comme amour et qui est chanté par les poètes, c'est-à-dire par l'amour sexuel, dont le terme est constitué par l'union sexuelle. Mais nous n'en séparons pas toutes les autres variétés d'amour, telles que l'amour de soi-même, l'amour qu'on éprouve pour les parents et les enfants, l'amitié, l'amour des hommes en général, pas plus que nous n'en séparons l'attachement à des objets concrets et à des idées abstraites. Pour justifier l'extension que nous faisons ainsi subir au terme « amour », nous pouvons citer les résultats que nous a révélés la recherche psychanalytique, à savoir que toutes ces variétés d'amour sont autant d'expressions d'un seul et même ensemble de tendances, lesquelles, dans certains cas, invitent à l'union sexuelle, tandis que dans d'autres elles détournent de ce but ou en empêchent la réalisation, tout en conservant suffisamment de traits caractéristiques de leur nature, pour qu'on ne puisse *pas* se tromper sur leur identité (sacrifice de soi-même, recherche de contact intime).

Nous pensons qu'en assignant au mot « amour » une telle multiplicité de significations, le langage a opéré une synthèse pleinement justifiée et que nous ne saurions mieux faire que de mettre cette synthèse à la base de nos considérations et explications scientifiques. En procédant de la sorte, la psychanalyse a soulevé une tempête d'indignation, comme si elle s'était rendue coupable d'une innovation sacrilège. Et, cependant, en « élargissant » la conception de l'amour, la psychanalyse n'a rien créé de nouveau. *L'Éros* de Platon présente, quant à ses origines, à ses manifestations et à ses rapports avec l'amour sexuel, une analogie complète avec l'énergie amoureuse, avec la libido de la psychanalyse [4], et lorsque, dans sa fameuse « É-pître aux Corinthiens », l'apôtre Paul vante l'amour et le met au-dessus de tout le reste, il le conçoit sans doute dans ce même sens « élargi » [5], d'où il suit que les hommes ne prennent pas toujours au sérieux leurs grands penseurs, alors même qu'ils font semblant de les admirer.

Toutes ces variétés d'amour, la psychanalyse les considère de préférence, et d'après leur origine, comme des penchants sexuels. La plupart des gens « instruits » ont vu dans cette dénomination une offense et se sont vengés en lançant contre la psychanalyse l'accusation de « pansexualisme ». Celui qui voit dans la sexualité quelque chose de honteux et d'humiliant pour la nature humaine, est libre de se servir des termes plus distingués *Éros et Érotique*. J'aurais pu en faire autant moi-même dès le début, ce qui m'aurait épargné pas mal d'objections. Mais je ne l'ai pas fait, car je n'aime pas céder à la pusil-lanimité. On ne sait jusqu'où on peut aller dans cette voie ; on commence par céder sur les mots et on finit parfois par céder sur les choses. Je ne trouve pas qu'il y ait un mérite à avoir honte de la sexualité ; le mot grec *Éros,* par lequel on prétend diminuer cette honte, n'est, au fond, pas autre chose que la traduction de notre mot *Amour ;* et, enfin, celui qui sait attendre n'a pas besoin de faire des concessions.

Nous allons donc essayer d'admettre que des relations amou-reuses (ou, pour employer une expression plus neutre, des attache-ments affectifs), forment également le fond de l'âme collective. Rappelons-nous que les auteurs que nous avons cités ne soufflent pas mot de cela. Ce qui pourrait correspondre à ces relations amou-reuses se trouve chez eux caché derrière le paravent de la suggestion. Deux idées que nous relevons en passant justifient d'ailleurs notre tentative. En premier lieu, pour que la foule garde sa consistance, il faut bien qu'elle soit maintenue par une force quelconque. Et quelle peut être cette force, si ce n'est Éros qui assure l'unité et la cohésion de tout ce qui existe dans le monde ? En deuxième lieu, lorsque l'individu, englobé par la foule, renonce à ce qui lui est personnel et particulier et se laisse suggestionner par les autres, nous avons l'impression qu'il le fait, parce qu'il éprouve le besoin d'être d'accord avec les autres membres de la foule, plutôt qu'en opposition avec eux ; donc il le fait peut-être « pour l'amour des autres [6] ».

5

DEUX FOULES CONVENTIONNELLES : L'ÉGLISE ET L'ARMÉE

En ce qui concerne la morphologie des foules, rappelons-nous qu'on peut distinguer plusieurs variétés de celles-ci et que, dans leur formation et leur constitution, les foules peuvent suivre des directions souvent opposées. Il y a des foules très passagères et des foules permanentes ; des foules très homogènes, composées d'individus semblables, et des foules non homogènes ; il y a des foules naturelles et des foules artificielles qui ne se maintiennent que par l'effet d'une contrainte extérieure ; il y a des foules primitives et des foules différenciées, hautement organisées. Pour des raisons cependant dont on se rendra compte plus loin, nous insisterons plus particulièrement sur une distinction à laquelle les auteurs n'ont pas encore prêté une attention suffisante : sur celle entre les foules sans meneurs et les foules guidées par des meneurs. Et, en opposition tranchée avec l'usage adopté, ce n'est pas une formation collective simple et élémentaire qui servira de point de départ à nos recherches, mais ce seront des foules permanentes, conventionnelles, ayant un degré d'organisation très élevé. Les exemples les plus intéressants de ces formations nous sont fournis par l'Église, c'est-à-dire par la communauté des fidèles, et par l'Armée.

L'Église et l'armée sont des foules conventionnelles, c'est-à-dire des foules dont la cohésion est maintenue par une contrainte extérieure qui s'oppose en même temps aux modifications de leur structure. En général, on fait partie d'une foule de ce genre, sans avoir été consulté au préalable si on le désire ou non ; on n'est pas libre d'y entrer ou d'en sortir à son gré, et les tentatives d'évasion sont sévèrement punies ou subordonnées à certaines conditions rigoureusement déterminées. La question de savoir pourquoi ces associations ont besoin de garanties pareilles ne nous intéresse pas pour le moment. Ce qui nous intéresse, c'est que ces foules hautement organisées, protégées de la sorte contre toute possibilité de désagrégation, nous révèlent certaines particularités qui, dans les autres foules, restent à l'état dissimulé.

Dans l'Église (et nous avons tout avantage à prendre pour modèle l'Église catholique) et dans l'Armée, quelques différences qu'elles présentent par ailleurs, règne la même illusion, celle de la présence, visible ou invisible, d'un chef (le Christ dans l'Église catholique, le commandant en chef dans l'Armée) qui aime d'un amour égal tous les membres de la collectivité. Tout le reste se rattache à cette illusion ; si elle disparaissait, l'Armée et l'Église ne tarderaient pas à se désagréger, dans la mesure où le permettrait la contrainte extérieure. En ce qui concerne l'amour égal dont le Christ aime tous ses fidèles sans exception et sans distinction, il est nettement exprimé dans ces mots : tout ce que vous faites à l'un quelconque de mes frères les plus humbles, c'est à moi que vous le faites. Il se trouve, par rapport aux individus composant la foule des fidèles, dans l'attitude d'un frère aîné, il leur remplace le père. Toutes les exigences adressées à l'individu découlent de cet amour du Christ. Un souffle démocratique anime l'Église, parce que tous sont égaux devant le Christ, parce que tous ont un droit égal à son amour. Ce n'est pas sans une profonde raison qu'on insiste sur l'analogie entre la communauté chrétienne et une famille et que les fidèles se considèrent comme des frères dans l'amour dont le Christ est animé à leur égard. Il est incontestable que le lien qui rattache chaque individu au

Christ est la cause du lien qui rattache chaque individu à tous les autres. Il en est de même dans l'Armée ; le chef est le père qui aime également tous ses soldats, et c'est pourquoi ces derniers sont rattachés les uns aux autres par les liens de la camaraderie. Au point de vue de la structure, l'Armée se distingue de l'Église en ce qu'elle se compose d'une hiérarchie de formations successives : chaque capitaine est, comme le commandant en chef, le père de sa compagnie, chaque sous-officier le père de sa section. Il est vrai que l'Église présente, elle aussi, une hiérarchie de ce genre, mais celle-ci n'y joue pas le même rôle économique, car on suppose que le Christ connaît davantage les besoins de ses fidèles et se soucie de ceux-ci plus que ne saurait le faire un chef humain.

À cette conception de la structure libidinale de l'Armée, on objectera avec raison qu'elle ne tient pas compte des idées de patrie, de gloire nationale, etc., qui contribuent tant à maintenir la cohésion de l'Armée. Il est facile de répondre à cette objection que ces éléments de cohésion sont d'un ordre tout à fait différent et qui est loin d'être aussi simple qu'on le suppose ; et l'on peut ajouter que les exemples de grands capitaines tels que César, Wallenstein, Napoléon, montrent que les idées en question ne sont nullement indispensables pour le maintien de la cohésion d'une armée. En ce qui concerne le remplacement possible du chef par une idée directrice et les rapports existant entre l'un et l'autre, il en sera question plus tard. Ceux qui négligent ce facteur libidinal de l'Armée, alors même qu'il n'est pas le seul à agir, ne commettent pas seulement une erreur théorique, mais créent aussi un danger pratique. Le militarisme prussien, qui était aussi peu accessible à la psychologie que la science allemande, a d'ailleurs éprouvé les conséquences de cette erreur et de ce danger au cours de la Grande Guerre européenne. Il a été reconnu que les névroses de guerre qui ont désagrégé l'armée allemande représentaient une protestation de l'individu contre le rôle qui lui était assigné, et, se basant sur la communication d'E. Simmel [1], on peut affirmer que la première place parmi les causes de ces névroses doit être attribuée à la manière cruelle et inhumaine dont les chefs avaient traité leurs hommes. Si l'on avait davantage tenu compte de ce besoin libidinal chez le soldat, les 14 points du président Wilson n'auraient pas trouvé si facilement créance et les chefs militaires allemands n'auraient pas vu se briser entre leurs mains le magnifique outil dont ils disposaient.

Notons bien que dans ces deux foules conventionnelles (Armée, Église) chaque individu est rattaché par des liens libidinaux au chef (le Christ, le commandant en chef) d'une part, à tous les autres individus composant la foule, d'autre part. Nous nous réservons d'examiner ultérieurement les rapports qui existent entre ces deux genres de liens, s'ils sont de même nature et présentent la même valeur et dans quels termes psychologiques, il serait possible de décrire les uns et les autres. Mais nous croyons d'ores et déjà pouvoir reprocher aux auteurs de n'avoir pas tenu suffisamment compte de l'importance du chef dans la psychologie des foules, alors que le choix du premier objet de nos recherches nous a placés dans des conditions beaucoup plus favorables. Nous croyons avoir trouvé la bonne voie pour expliquer le phénomène fondamental de la psychologie des foules, à savoir l'absence de liberté qui caractérise les individus faisant partie d'une foule. Étant donné, en effet, que des liens affectifs solides rattachent l'individu à deux centres différents, il ne nous sera pas difficile d'expliquer par cette circonstance même la modification et la limitation de sa personnalité qui ont été observées et notées par tous les auteurs.

Pour nous convaincre une fois de plus que l'essence d'une foule consiste dans les liens libidinaux qui la traversent de part en part, comme un réseau serré, nous n'avons qu'à analyser le phénomène de la panique, tel qu'on l'observe surtout dans les foules militaires. Une panique se produit lorsque la foule commence à se désagréger. Elle est caractérisée par ces faits que les ordres des chefs ne sont plus obéis et que chacun ne se préoccupe que de lui-même, sans nul souci des autres. Les liens réciproques se trouvent rompus et une peur immense, dont personne ne saurait expliquer les raisons, s'empare de tous. On pourra naturellement nous objecter que nous renversons l'ordre des phénomènes et que c'est, au contraire, la peur qui, ayant pris des proportions démesurées, a rompu tous les liens et étouffé toutes les autres considérations. M. Mc Dougall [2] voit même dans la panique (non militaire, il est vrai) un exemple-modèle de ce qu'il appelle *primary induction,* exagération affective par contagion. Cette explication rationnelle n'est en aucune façon satisfaisante, car il s'agit précisément d'expliquer pourquoi la peur a pris des proportions aussi gigantesques. Il est impossible d'incriminer l'immensité du danger, car cette même armée, qui est maintenant en proie à la panique, avait déjà affronté, sans broncher, des dangers aussi grands, sinon plus grands encore, et ce qui caractérise une panique, c'est précisément qu'elle est hors de proportion avec le danger qui menace et qu'elle se déchaîne souvent pour des causes insignifiantes. Lorsque l'individu, envahi par la peur panique, commence à ne songer qu'à lui-même, il témoigne par là-même de la rupture des liens affectifs qui jusqu'alors avaient atténué le danger à ses yeux. Il a alors la sensation de se trouver seul en face du danger, ce qui lui fait exagérer la gravité de celui-ci. Nous pouvons donc dire que la peur panique suppose le relâchement, l'ébranlement de la structure libidinale de la foule et ne réagit que consécutivement à ce relâchement ; tandis que l'opinion contraire, qui voit dans la crainte du danger la cause de la destruction des liens libidinaux de la foule, ne correspond pas à la réalité des faits.

Ces remarques n'infirment en rien la conception de M. Mc Dougall, d'après laquelle la peur collective peut atteindre des proportions extraordinaires sous l'influence de l'induction (contagion). Cette conception se prête plus particulièrement à l'explication des cas où il s'agit d'un danger vraiment grand et d'une foule dont aucun lien affectif solide n'assure la cohésion. Le cas typique de ce genre est celui d'un incendie éclatant dans une salle de théâtre ou de réunion. Mais le cas le plus instructif et qui cadre le mieux avec notre démonstration, est celui d'un corps d'armée pris de panique, en présence d'un danger qui ne dépasse pas la mesure ordinaire et qui a été bien des fois affronté avec calme et sang-froid. Le mot « panique » ne possède d'ailleurs pas une définition tranchée et univoque. Parfois il sert à désigner la peur collective, d'autres fois la peur individuelle, lorsqu'elle dépasse toute mesure, et souvent encore ce nom est réservé aux cas où l'explosion de la peur n'est pas justifiée par les circonstances. En donnant au mot « panique » le sens de peur collective, nous pouvons établir une analogie d'une très grande portée. La peur de l'individu est provoquée ou par la gravité du danger ou par des liens affectifs (des localisations de la libido) ; ce dernier cas est celui de l'angoisse névrotique. De même, la panique se produit soit à la suite de l'aggravation du danger qui menace tout le monde, soit à la suite de la suppression des liens affectifs qui assuraient la cohésion de la foule, et, dans ce dernier cas, l'angoisse collective présente des analogies avec l'angoisse névrotique [3].

En concevant la panique, avec M. Mc Dougall [4], comme une des manifestations les plus caractéristiques du *group mind*, on arrive à ce résultat paradoxal que l'âme collective se dissout au moment même où elle manifeste sa propriété la plus caractéristique et à la faveur même de cette manifestation. Il est hors de doute que la panique signifie la désagrégation de la foule et a pour conséquence la disparition de toute attache entre les membres de celle-ci.

Dans la pièce que Nestroy a écrite pour parodier le drame de Hebel : Judith *et Holopherne,* un guerrier s'écrie : « Le chef a perdu la tête » ; et aussitôt tous les Assyriens de se mettre en fuite. Nous avons là un exemple typique de la façon dont éclate une panique, à laquelle il faut le plus souvent un prétexte insignifiant. Le danger restant le même, il suffit, pour qu'une panique se produise, qu'on soit sans nouvelles du chef, qu'on le croie perdu ou disparu. Avec les liens qui les rattachaient au chef, disparaissent généralement ceux qui rattachaient les individus de la foule les uns aux autres. La foule se pulvérise comme un flacon polonais dont on a brisé la pointe.

La désagrégation d'une foule religieuse n'est pas aussi facile à observer. J'ai eu récemment l'occasion de parcourir un roman anglais, écrit dans un esprit chrétien et recommandé par l'évêque de Londres. Ce roman, qui a pour titre : *When it was dark,* décrit d'une manière habile et, à mon avis, exacte, les suites d'une pareille éventualité. L'auteur imagine une conspiration ourdie par des ennemis de la personne du Christ et de la foi chrétienne qui prétendent avoir réussi à retrouver à Jérusalem un caveau et, dans ce caveau, une inscription par laquelle Joseph d'Arimathie avoue avoir, pour des raisons de piété, enlevé clandestinement, trois jours après ses obsèques, le corps du Christ de sa tombe pour le transporter dans ce caveau. Cette découverte archéologique signifie la ruine des dogmes de la résurrection du Christ et de sa nature divine et a pour conséquence un ébranlement de la culture européenne et un accroissement extraordinaire du nombre de violences et de crimes de toutes sortes, jusqu'au jour où le complot des faussaires est découvert et dénoncé.

Ce qui se manifeste ainsi au cours de cette décomposition présumée de la foule religieuse, ce n'est pas la peur à laquelle manque tout prétexte ; ce sont les impulsions hostiles à l'égard d'autres personnes, impulsions qui jusqu'alors n'ont pas pu s'exprimer, grâce à l'amour commun dans lequel le Christ englobait tous les hommes [5]. Même le Christ régnant, il y a des individus qui se trouvent en dehors de ces liens : ce sont ceux qui ne font pas partie de la communauté des croyants, ceux qui n'aiment pas le Christ et qui ne sont pas aimés de lui. C'est pourquoi une religion, alors même qu'elle se qualifie de religion de l'amour, doit être sévère et traiter sans amour tous ceux qui ne lui appartiennent pas. Au fond, chaque religion est une religion d'amour pour ceux qu'elle englobe, et chacune est prête à se montrer cruelle et intolérante pour ceux qui ne la reconnaissent pas.

Quelque préjudice personnel qu'on puisse en éprouver, on ne doit pas trop reprocher au croyant sa cruauté et son intolérance ; les incroyants et les indifférents ont beau jeu, au point de vue psychologique, de se montrer étrangers à ces sentiments. Si cette intolérance n'affecte plus aujourd'hui la violence et la cruauté qui l'avaient caractérisée autrefois, on se tromperait en y voyant une conséquence de l'adoucissement des mœurs des hommes. Il faut en chercher la cause plutôt dans l'affaiblissement incontestable des sentiments religieux et des liens libidinaux qui en découlent.

Qu'une autre formation collective prenne la place de la communauté religieuse (et tel paraît être le cas de ce qu'on appelle le « parti extrémiste »), et l'on verra aussitôt se manifester, à l'égard de ceux qui seront restés en dehors de cette formation, la même intolérance que celle qui caractérisait les luttes religieuses ; et si les différences qui existent entre les conceptions scientifiques pouvaient acquérir, aux yeux des foules, une importance égale à celle des différences religieuses, on verrait sans doute, et pour les mêmes raisons, se produire le même résultat.

6

NOUVEAUX PROBLÈMES ET NOUVELLES ORIENTATIONS DES RECHERCHES

Nous avons, dans le chapitre précédent, examiné deux foules conventionnelles, et nous avons trouvé qu'elles sont dominées par deux genres de liens affectifs, dont les uns, ceux rattachant les individus au chef, apparaissent plus décisifs, pour eux du moins, que les liens qui rattachent les individus les uns aux autres.

Or, il y aurait beaucoup de choses à examiner et à décrire, en rapport avec la structure des foules. Il faudrait commencer par établir qu'une simple réunion d'hommes ne représente pas une foule, tant que les liens dont nous parlions plus haut ne se sont pas encore formés, mais il y aurait aussi à convenir que n'importe quelle réunion d'hommes manifeste une très forte tendance à se transformer en une foule psychologique. Il y aurait à examiner de près les diverses foules, plus ou moins permanentes, qui se forment spontanément, et à étudier les conditions de leur formation et de leur décomposition. La différence entre les foules ayant un chef et celles sans chef mériterait une attention particulière. Il y aurait lieu d'examiner encore si les foules ayant un chef ne sont pas les plus primitives et les plus parfaites ; si, dans certaines foules, le chef ne peut pas être remplacé par une abstraction, par une idée (les foules obéissant à un chef invisible se rapprochent précisément de cette dernière forme) ; si une tendance, si un désir susceptibles d'être partagés par un grand nombre d'hommes ne seraient pas susceptibles de remplir le même rôle de substitution. L'abstraction ne pourrait-elle pas, à son tour, s'incarner plus ou moins parfaitement en la personne d'un chef secondaire, des rapports variés et intéressants s'établissant alors entre le chef et l'idée ? N'y a-t-il pas des cas où le chef ou l'idée revêtent pour ainsi dire un caractère négatif, c'est-à-dire où la haine pour une personne déterminée soit susceptible d'opérer la même union et de créer les mêmes liens affectifs que s'il agissait d'un dévouement positif à l'égard de cette personne ? Et en dernier lieu, on pourrait se demander si la présence d'un chef est une condition indispensable pour qu'une réunion d'hommes se transforme en une foule psychologique.

Toutes ces questions, dont quelques-unes sont traitées dans les ouvrages relatifs à la psychologie collective, ne sauraient détourner notre intérêt des problèmes psychologiques fondamentaux que fait surgir devant nous la structure des foules. Et voici tout d'abord une réflexion faite pour nous montrer quel est le plus court chemin à suivre pour obtenir la preuve de la nature libidinale des liens qui maintiennent la cohésion d'une foule.

Essayons de nous représenter la manière dont les hommes se comportent les uns à l'égard des autres, au point de vue affectif. D'après la célèbre parabole de Schopenhauer sur les porcs-épics souffrant du froid, personne d'entre nous ne supporterait un rapprochement trop intime avec ses semblables :

« Un jour d'hiver glacial, les porcs-épics d'un troupeau se serrèrent les uns contre les autres, afin de se protéger contre le froid par la chaleur réciproque. Mais, douloureusement gênés par les piquants, ils ne tardèrent pas à s'écarter de nouveau les uns des autres. Obligés de se rapprocher de nouveau, en raison du froid persistant, ils éprouvèrent une fois de plus l'action désagréable des piquants, et ces alternatives de rapprochement et d'éloignement durèrent jusqu'à ce qu'ils aient trouvé une distance convenable où ils se sentirent à l'abri des maux [1]. »

D'après le témoignage de la psychanalyse, toute relation affective intime, de plus ou moins de durée, entre deux personnes — rapports conjugaux, amitié, rapports entre parents et enfants [2] — laisse un dépôt de sentiments hostiles ou, tout au moins, inamicaux dont on ne peut se débarrasser que par le refoulement. La situation est plus nette dans le cas de deux associés passant leur temps à se quereller ou dans le cas d'un subordonné grommelant sans cesse contre son supérieur. Le même fait se produit lorsque les hommes sont réunis de façon à former des ensembles plus vastes. Toutes les fois que deux familles contractent alliance par mariage, chacune se considère comme supérieure à l'autre, comme plus distinguée qu'elle ; deux villes voisines se font l'une à l'autre une concurrence jalouse ; chaque petit canton est plein de mépris pour le canton voisin. Des groupes ethniques appartenant à la même souche se repoussent réciproquement : l'Allemand du Sud ne supporte pas l'Allemand du Nord, l'Anglais dit tout le mal possible de l'Écossais, l'Espagnol méprise le Portugais. L'aversion devient d'autant plus profonde que les différences sont plus prononcées : c'est ce qui explique l'aversion des Gaulois pour les Germains, des Aryens pour les Sémites, des blancs pour les hommes de couleur.

Lorsque l'hostilité est dirigée contre des personnes aimées, nous disons qu'il s'agit d'une ambivalence affective et nous cherchons l'explication, probablement trop rationnelle, de ce phénomène dans les nombreux prétextes aux conflits d'intérêts que font précisément naître les relations très intimes. Dans les sentiments de répulsion et d'aversion qu'on éprouve à l'égard d'étrangers avec lesquels on se trouve en contact, nous pouvons voir l'expression d'un égotisme, d'un narcissisme qui cherche à s'affirmer et se comporte comme si la moindre déviation de ses propriétés et particularités individuelles impliquait une critique de ces propriétés et particularités et comme une invitation à les modifier, à les transformer. Pourquoi sont-ce précisément ces détails de la différenciation qui sont l'objet d'une aussi grande sensibilité ? C'est ce que nous ignorons : mais ce qui est certain, c'est que cette manière de se comporter des hommes révèle une promptitude à la haine, une agressivité dont l'origine nous est inconnue et auxquelles nous pouvons attribuer un caractère élémentaire [3].

Mais toute cette intolérance disparaît, momentanément ou d'une façon durable, dans la foule. Tant que la formation collective se maintient, les individus se comportent comme s'ils étaient taillés sur le même patron, supportent toutes les particularités de leurs voisins, se considèrent comme leurs égaux et n'éprouvent pas pour eux la moindre aversion. Conformément à nos conceptions théoriques, une pareille restriction du narcissisme ne peut résulter que de l'action d'un seul facteur : de l'attachement libidinal à d'autres personnes. L'égoïsme ne trouve une limite que dans l'amour des autres, dans l'amour d'objets [4]. On nous demandera, à ce propos, si une simple association d'intérêts, sans intervention d'un élément libidinal quelconque, n'est pas de nature à comporter la tolérance réciproque et le respect pour les autres. À cette question, il est facile de répondre qu'il ne peut s'agir dans ce cas d'une limitation permanente du narcissisme, car dans les associations de ce genre la tolérance ne dure pas plus longtemps que l'avantage immédiat qu'on retire de la collaboration avec les autres. La valeur pratique de cette question est d'ailleurs moindre qu'on ne serait tenté de le croire, l'expérience ayant montré que, même dans les cas de simple collaboration, des relations libidinales s'établissent régulièrement entre les camarades et que ces relations survivent aux avantages purement pratiques que chacun retire de cette collaboration.

Nous retrouvons dans les relations sociales des hommes les faits que la recherche psychanalytique nous a permis d'observer au cours du développement de la libido individuelle. La libido se rattache à la satisfaction des grands besoins vitaux et choisit pour ses premiers objets, les personnes dont l'intervention contribue à cette satisfaction. Et dans le développement de l'humanité, comme dans celui de l'individu, c'est l'amour qui s'est révélé le principal, sinon le seul facteur de civilisation, en déterminant le passage de l'égoïsme à l'altruisme. Et cela est vrai aussi bien de l'amour sexuel pour la femme, avec toutes les nécessités qui en découlent de ménager ce qui lui est cher, que de l'amour désexualisé, homosexuel et sublimé pour d'autres hommes qui naît du travail commun.

C'est ainsi que si nous observons dans la foule des limitations de l'égoïsme narcissique qui ne se manifestent pas en dehors d'elle, nous devons y voir une preuve irréfutable qu'une formation collective est caractérisée avant tout et essentiellement par l'établissement de nouveaux liens affectifs entre les membres de cette formation.

La question qui se pose et s'impose ici est celle de savoir de quel genre sont ces nouveaux liens affectifs. Dans la théorie psychanalytique des névroses, nous nous sommes occupés jusqu'à présent, d'une façon à peu près exclusive, des tendances érotiques qui, dans leur fixation à des objets, poursuivent encore des buts sexuels directs. Il est évident qu'en ce qui concerne la foule, il ne peut pas être question de buts sexuels. Nous nous trouvons ici en présence de tendances érotiques qui, sans rien perdre de leur énergie, ont dévié de leurs buts primitifs. Or, même dans le cadre de la fixation sexuelle ordinaire à des objets, nous avons observé des phénomènes qui peuvent être interprétés comme une déviation de l'instinct de son but sexuel. Nous avons décrit ces phénomènes comme autant de degrés de l'état amoureux et nous avons vu qu'ils comportaient une certaine limitation du moi. Nous allons maintenant examiner avec une attention particulière ces phénomènes caractéristiques de l'état amoureux, dans l'espoir, qui me paraît fondé, d'en tirer des conclusions susceptibles d'être appliquées aux relations affectives entre les individus d'une foule. Nous voudrions savoir, en outre, si le mode de fixation à un objet, tel que nous l'observons dans la vie sexuelle, est le seul attachement affectif possible à une autre personne ou si nous devons encore tenir compte d'autres mécanismes du même genre.

Or, la psychanalyse nous révèle précisément l'existence de ces autres mécanismes ce sont les *identifications,* processus encore insuffisamment connus, difficiles à décrire et dont l'examen va nous tenir éloignés pendant quelque temps de notre principal sujet, c'est-à-dire de la psychologie collective.

7
L'IDENTIFICATION

La psychanalyse voit dans l'« identification » la première manifestation d'un attachement affectif à une autre personne. Cette identification joue un rôle important dans l'*Œdipe-complexe* [1], aux premières phases de sa formation. Le petit garçon manifeste un grand intérêt pour son père : il voudrait devenir et être ce qu'il est, le remplacer à tous égards. Disons-le tranquillement : il fait de son père son idéal. Cette attitude à l'égard du père (ou de tout autre homme, en général) n'a rien de passif ni de féminin : elle est essentiellement masculine. Elle se concilie fort bien avec *l'Œdipe-complexe* qu'elle contribue à préparer.

Simultanément avec cette identification avec le père, ou un peu plus tard, le petit garçon a commencé à diriger vers sa mère ses désirs libidinaux. Il manifeste alors deux sortes d'attachement, psychologiquement différentes : un attachement pour sa mère comme pour un objet purement sexuel, et une identification avec le père, qu'il considère comme un modèle à imiter. Ces deux sentiments demeurent pendant quelque temps côte-à-côte, sans influer l'un sur l'autre, sans se troubler réciproquement. Mais à mesure que la vie psychique tend à l'unification, ces sentiments se rapprochent l'un de l'autre, finissent par se rencontrer, et c'est de cette rencontre que résulte l'*Œdipe-complexe* normal. Le petit s'aperçoit que la père lui barre le chemin vers la mère ; son identification avec le père prend de ce fait une teinte hostile et finit par se confondre avec le désir de remplacer le père, même auprès de la mère. L'identification est d'ailleurs ambivalente dès le début ; elle peut être orientée aussi bien vers l'expression de la tendresse que vers celle du désir de suppression. Elle se comporte comme un produit de la première phase, de la phase *orale* de l'organisation de la libido, de la phase pendant laquelle on s'incorporait l'objet désiré et apprécié en le mangeant, c'est-à-dire en le supprimant. On sait que le cannibale en est resté à cette phase : il mange volontiers ses ennemis et il ne mange que ceux qu'il aime [2].

On perd facilement de vue le sort ultérieur de cette identification avec le père. Il peut arriver que l'*Œdipe-complexe* subisse une inversion ; que le père, par suite d'une sorte de féminisation, devienne l'objet dont les tendances sexuelles attendent leur satisfaction : dans ces cas, l'identification avec le père constitue la phase préliminaire de l'objectivation sexuelle du père. On peut en dire autant, *mutatis mutandis,* de la fille dans son attitude à l'égard de la mère.

Il est facile d'exprimer dans une formule cette différence entre l'identification avec le père et l'attachement au père comme à un objet sexuel : dans le premier cas, le père est ce qu'on voudrait *être* ; dans le second, ce qu'on voudrait *avoir*. Dans le premier cas, c'est le sujet du *moi* qui est intéressé ; dans le second, son objet. C'est pourquoi l'identification est possible avant tout choix d'objet. Il est beaucoup plus difficile de donner de cette différence une description métapsychologique concrète. Tout ce qu'on constate, c'est que le *moi* cherche à se rendre semblable à ce qu'il s'est proposé comme modèle.

Dans un symptôme névrotique, l'identification se rattache à un ensemble plus complexe. La petite fille, dont nous allons nous occuper maintenant, contracte le même symptôme morbide que sa mère, par exemple une toux pénible. Ceci peut se produire de plusieurs manières différentes : ou l'identification est la même que celle qui découle de l'*Œdipe-complexe*, c'est-à-dire qu'elle signifie le désir hostile de prendre la place de la mère, auquel cas le symptôme exprime le penchant érotique pour le père ; ce symptôme réalise la substitution à la mère sous l'influence du sentiment de culpabilité : « Tu voulais être la mère ; tu l'es maintenant, par le fait du moins que tu éprouves la même souffrance qu'elle » ; c'est le mécanisme complet de la formation de symptômes hystériques. Ou bien, le symptôme est le même que celui de la personne aimée (c'est ainsi que, dans *Bruchstück eine Hysterie-Analyse*, Dora imite la toux du père) alors nous pouvons décrire la situation, en disant que *l'identification a pris la place du penchant érotique, que celui-ci s'est transformé, par régression, en une identification.* Nous savons déjà que l'identification représente la forme la plus primitive de l'attachement affectif ; dans les conditions qui président à la formation de symptômes et, par conséquent, au refoulement, sous l'influence aussi des mécanismes de l'inconscient, il arrive souvent que le choix d'objet libidinal cède de nouveau la place à l'identification, c'est-à-dire que le moi absorbe, pour ainsi dire, les propriétés de l'objet. Il est à noter que, dans ces identifications, le *moi* copie tantôt la personne non aimée, tantôt la personne aimée. Et nous constatons que dans les deux cas l'identification n'est que partielle, tout à fait limitée, que le *moi* se borne à emprunter à l'objet un seul de ses traits.

Dans un troisième cas, particulièrement fréquent et significatif, de formation de symptômes, l'identification s'effectue en dehors et indépendamment de toute attitude libidinale à l'égard de la personne copiée. Lorsqu'une jeune élève de pensionnat reçoit de celui qu'elle aime en secret une lettre qui éveille sa jalousie et à laquelle elle réagit par une crise d'hystérie, quelques-unes de ses amies, au courant du fait, subiront, pour ainsi dire, la contagion psychique et auront une crise à leur tour. Le mécanisme auquel nous assistons ici est celui de l'identification, rendue possible par l'aptitude à se mettre dans une certaine situation ou par la volonté de s'y mettre. Les autres peuvent également avoir une intrigue amoureuse secrète et, sous l'influence du sentiment de leur culpabilité, accepter la souffrance que cette faute comporte. Mais il serait inexact d'affirmer que c'est par sympathie qu'elles s'assimilent le symptôme de leur amie. Au contraire, la sympathie naît seulement de l'identification, et nous en avons la preuve dans le fait qu'une contagion ou imitation de ce genre se produit également dans des cas où il existe entre deux personnes données moins de sympathie encore qu'entre des amies de pension. L'un des *moi* a perçu dans l'autre une importante analogie sur un certain point (dans notre cas il s'agit d'un degré de sentimentalité également prononcé) : il se produit aussitôt une identification portant sur ce point et, sous l'influence de la situation pathogène, cette identification aboutit au symptôme qui s'est manifesté chez le *moi* imité. L'identification par le symptôme fournit ainsi l'indication du point de rencontre des deux *moi,* point de rencontre qui devait, au fond, rester refoulé.

Ce que nous venons d'apprendre de ces trois sources peut être résumé ainsi : premièrement, l'identification constitue la forme la plus primitive de l'attachement affectif à un objet ; deuxièmement, à la suite d'une transformation régressive, elle prend la place d'un attachement libidinal à un objet, et cela par une sorte d'introduction de l'objet dans le moi ; troisièmement, l'identification peut avoir lieu chaque fois qu'une personne se découvre un trait qui lui est commun avec une autre personne, sans que celle-ci soit pour elle un objet de désirs libidineux. Plus les traits communs sont importants et nombreux, et plus l'identification sera complète et correspondra ainsi au début d'un nouvel attachement.

Nous entrevoyons déjà que l'attachement réciproque qui existe entre les individus composant une foule doit résulter d'une identification pareille, fondée sur une communauté affective ; et nous pouvons supposer que cette communauté, affective est constituée par la nature du lien qui rattache chaque individu au chef. Nous nous rendons, en outre, compte que nous sommes loin d'avoir épuisé le problème de l'identification, que nous nous trouvons en présence du processus connu en psychologie sous le nom de *Einfühlunq* (assimilation des sentiments d'autrui) et qui joue un très grand rôle, grâce aux possibilités qu'il nous ouvre de pénétrer l'âme de personnes étrangères à notre moi. Voulant toutefois nous borner aux effets affectifs immédiats de l'identification, nous laisserons de côté l'importance qu'elle présente pour notre vie intellectuelle.

La recherche psychanalytique, qui, à l'occasion, s'est occupée également des problèmes plus difficiles se rattachant aux psychoses, a pu constater l'existence de l'identification dans certains autres cas dont l'interprétation est loin d'être facile. Je citerai en détail, en vue de nos réflexions ultérieures, deux de ces cas.

La genèse de l'homosexualité masculine est, le plus souvent, la suivante : le jeune homme est resté très longtemps, et d'une manière très intense, fixé à sa mère, au sens de l'*Œdipe-complexe*. La puberté une fois atteinte, arrive le moment où le jeune homme doit échanger sa mère contre un autre objet sexuel. Il se produit alors un changement d'orientation subit : au lieu de renoncer à sa mère, il s'identifie avec elle, se transforme en elle et recherche des objets susceptibles de remplacer son propre *moi* et qu'il puisse aimer et soigner comme il a été aimé et soigné par sa mère. C'est là un processus dont on peut constater la réalité aussi souvent qu'on le voudra et qui est, naturellement, tout à fait indépendant de l'hypothèse qu'on pourrait formuler concernant les raisons et les motifs de cette subite transformation. Ce qui frappe dans cette identification, c'est son ampleur : sous un rapport des plus importants, au point de vue du caractère sexuel notamment, l'individu subit une transformation d'après le modèle de la personne qui lui avait servi jusqu'alors d'objet libidinal. Cet objet lui-même est alors abandonné, ou tout à fait ou seulement en ce sens qu'il demeure conservé dans l'inconscient. C'est là d'ailleurs un point qui ne rentre pas dans notre discussion. Le remplacement, par l'identification avec lui, de l'objet abandonné et perdu, l'introjection de l'objet dans le moi : tous ces faits ne sont plus pour nous des nouveautés. Dans certaines occasions, ce processus peut être observé directement chez l'enfant. Dans *l'Internationale Zeitschrifl für Psychoanalyse* a paru l'observation d'un enfant qui, ayant eu le malheur de perdre un petit chat, déclara tout à coup qu'il était lui-même ce petit chat, se mit à marcher à quatre pattes, ne voulait plus manger à table, etc. [3].

Un autre exemple d'introjection de l'objet nous a été fourni par l'analyse de la mélancolie, affection déterminée le plus souvent par la perte réelle ou affective d'un objet aimé. Ce qui caractérise principalement ces cas, c'est la cruelle auto-humiliation du *moi* : le malade s'accable lui-même de critiques impitoyables et des plus amers reproches. L'analyse a montré que ces reproches et ces critiques s'adressent, à proprement parler, à l'objet et expriment la vengeance exercée par le moi sur cet objet. L'ombre de l'objet s'est projetée sur le moi, ai-je dit ailleurs. L'introjection de l'objet est ici d'une netteté remarquable.

Mais ces mélancolies nous révèlent encore d'autres détails qui peuvent avoir de l'importance pour nos considérations ultérieures. Elles nous montrent le *moi* divisé, partagé en deux parties, dont l'une s'acharne contre l'autre. Cette autre partie est celle qui a été transformée par l'introjection, celle qui renferme l'objet perdu. Mais la partie qui se montre si cruelle à l'égard de sa voisine ne nous est pas inconnue non plus. Cette partie représente la « voix de la conscience », l'instance critique du *moi* ; tout en se manifestant même en temps normal, elle ne se montre jamais aussi impitoyable et aussi injuste. Déjà précédemment (à propos du narcissisme, de la tristesse et de la mélancolie) nous avons été obligés d'admettre la formation, au sein du *moi*, d'une pareille instance, susceptible de se séparer de l'autre moi et d'entrer en conflit avec lui. Nous lui avons donné le nom d'*idéal du moi* et nous lui avons assigné pour fonctions l'observation de soi-même, la conscience morale, la censure des rêves et le rôle décisif dans le processus du refoulement. Nous disions alors que cet *idéal du moi* était l'héritier du narcissisme, dans lequel le *moi* infantile se suffisait à lui-même. Peu à peu, il emprunte aux influences du milieu toutes les exigences que celui-ci pose au *moi* et auxquelles le *moi* n'est pas toujours capable de satisfaire, afin que, dans les cas où l'homme croit avoir des raisons d'être mécontent de lui-même, il n'en puisse pas moins trouver sa satisfaction dans le *moi idéal* qui s'est différencié du moi tout court. Nous avons établi, en outre, que dans le délire d'auto-observation, il est possible de saisir sur le vif la décomposition de cette instance et de faire remonter ses origines aux influences des autorités, et avant tout à celle des parents [4]. Mais nous n'avons pas oublié d'ajouter que la distance qui sépare ce *moi idéal* du *moi réel* varie d'un individu à l'autre, et que chez beaucoup de personnes cette différenciation au sein du *moi* n'a pas dépassé le degré qu'elle présente chez l'enfant.

Mais avant de pouvoir utiliser tous ces matériaux pour l'explication de l'organisation libidinale d'une foule, nous devons considérer quelques autres rapports réciproques entre l'objet et le *moi* [5].

8

ÉTAT AMOUREUX ET
HYPNOSE

Jusque dans ses caprices, le langage courant reste fidèle à une réalité quelconque. C'est ainsi qu'il désigne sous le nom « amour » des relations affectives très variées, que nous réunissons théoriquement sous la même dénomination, sans indiquer toutefois qu'il faut entendre par ce mot l'amour véritable, proprement dit, et admettant ainsi implicitement la possibilité d'une hiérarchie de degrés au sein du phénomène de l'amour. Il ne nous sera pas difficile de confirmer l'existence d'une pareille hiérarchie par des faits tirés de l'observation.

Dans un certain nombre de cas l'amour n'est pas autre chose qu'un attachement libidinal à un objet, dans un but de satisfaction sexuelle directe, l'attachement cessant dès que cette satisfaction est réalisée : c'est l'amour commun, sensuel. Nous savons cependant que la situation libidinale ne présente pas toujours cette simplicité. La certitude où on était que le besoin à peine assouvi ne tarderait pas à se réveiller a dû fournir la principale raison de l'attachement permanent à l'objet sexuel, de la persistance de l'« amour » pour cet objet, même dans les intervalles où on n'éprouvait pas le besoin sexuel.

Une autre conséquence encore découle du développement si remarquable de la vie amoureuse de l'homme. Pendant la première phase de sa vie, phase qui finit généralement avec la cinquième année, l'enfant trouve dans un de ses parents son premier objet d'amour sur lequel se concentrent toutes ses tendances sexuelles exigeant satisfaction. Le refoulement qui se produit à la fin de cette phase impose le renoncement à la plupart de ces buts sexuels infantiles et entraîne une profonde modification d'attitude à l'égard des parents. L'enfant reste bien attaché à ses parents, mais ses tendances primitives sont entravées dans leur but. Les sentiments qu'il éprouve désormais pour ces personnes aimées sont qualifiés de « tendres ». On sait que les tendances « sensuelles » antérieures persistent, avec plus ou moins d'intensité, dans l'inconscient et que, par conséquent, le courant primitif continue à couler, dans un certain sens [1].

Avec la puberté, surgissent de nouvelles tendances, très intenses, dirigées vers des buts sexuels directs. Dans les cas défavorables, elles restent, en tant que tendances sensuelles, séparées du courant persistant de sentiments « tendres ». On obtient alors le tableau dont les deux aspects ont été très volontiers idéalisés par certains courants littéraires. L'homme voue un culte chimérique à des femmes pour lesquelles il est plein de respect, mais qui ne lui inspirent aucun sentiment amoureux, et il ne se sent excité qu'en présence d'autres femmes, qu'il n'« aime » pas, qu'il estime peu, lorsqu'il ne les méprise pas. Très souvent, l'adolescent réussit, dans une certaine mesure, à opérer la synthèse de l'amour platonique, spirituel, et de l'amour sexuel terrestre, auquel cas son attitude à l'égard de l'objet sexuel est caractérisée par l'action simultanée de tendances libres et de tendances entravées. C'est d'après la part qui revient dans la vie sexuelle de l'homme aux unes et aux autres, qu'on peut mesurer le degré de l'amour véritable, en opposition avec le désir purement sexuel.

C'est dans le cadre de cet « amour véritable » [2] que nous avons été dès le début frappés par le fait que l'objet aimé se trouve, dans une certaine mesure, soustrait à la critique, que toutes ses qualités sont appréciées plus que celles de personnes non aimées ou plus qu'elles ne l'étaient alors que la personne en question n'était pas encore aimée. Lorsque les tendances sensuelles se trouvent plus ou moins efficacement refoulées ou réprimées, on voit naître l'illusion que l'objet est aussi aimé sensuellement, à cause de ses qualités psychiques, alors que très souvent c'est au contraire sous l'influence du plaisir sensuel qu'il procure qu'on lui attribue ces qualités psychiques.

Ce qui fausse ici le jugement, c'est *l'idéalisation*. Mais notre orientation se trouve de ce fait facilitée, nous voyons nettement que l'objet est traité comme le propre moi du sujet et que dans l'état amoureux une certaine partie de la libido narcissique se trouve transférée sur l'objet. Dans certaines formes de choix amoureux, il est même évident que l'objet sert à remplacer un idéal que le moi voudrait incarner dans sa propre personne, sans réussir à le réaliser. On aime l'objet pour les perfections qu'on souhaite à son propre moi et on cherche par ce détour à satisfaire son propre narcissisme.

À mesure que s'accentuent et l'exagération de la valeur qu'on attribue à l'objet et l'état amoureux, l'interprétation du tableau devient plus facile. Les tendances dirigées vers la satisfaction sexuelle directe peuvent subir une répression complète, comme c'est souvent le cas dans l'amour poétique de l'adolescent ; le *moi* devient de moins en moins exigeant, de plus en plus modeste, tandis que l'objet devient de plus en plus magnifique et précieux, attire sur lui tout l'amour que le *moi* pouvait éprouver pour lui-même, ce qui peut avoir pour conséquence naturelle le sacrifice complet du *moi*. L'objet absorbe, dévore, pour ainsi dire, le *moi*. Dans tout état amoureux, on trouve une tendance à l'humiliation, à la limitation du narcissisme, à l'effacement devant la personne aimée : dans les cas extrêmes, ces traits se trouvent seulement exagérés et, après la disparition des exigences sensuelles, ils dominent seuls la scène.

Ceci s'observe plus particulièrement dans l'amour malheureux, sans retour, car dans l'amour partagé, chaque satisfaction sexuelle est suivie d'une diminution du degré d'idéalisation qu'on accorde à l'objet. Simultanément avec cet « abandon » du *moi* à l'objet, qui ne se distingue plus en rien de l'abandon sublime à une idée abstraite, cessent les fonctions dévolues à ce que le *moi* considère comme l'idéal avec lequel il voudrait fondre sa personnalité. La critique se tait : tout ce que l'objet fait et exige est bon et irréprochable. La voix de la conscience cesse d'intervenir, dès qu'il s'agit de quelque chose pouvant être favorable à l'objet ; dans l'aveuglement amoureux, on devient criminel sans remords. Toute la situation peut être résumée dans cette formule : *l'objet a pris la place de ce qui était l'idéal du moi.*

En ce qui concerne la différence entre l'identification et l'état amoureux, dans ses manifestations les plus élevées, connues sous les noms de fascination, d'épanouissement amoureux, elle est facile à décrire. Dans le premier cas, le *moi* s'enrichit des qualités de l'objet, s'assimile celui-ci, pour nous servir de l'expression de M. Ferenczi, par introjection ; dans le second cas, il est appauvri, s'étant donné tout entier à l'objet, s'étant effacé devant lui. On constate cependant, en y regardant de plus près, que cette description fait apparaître des oppositions qui, en réalité, n'existent pas. Au point de vue économique, il ne s'agit ni d'enrichissement, ni d'appauvrissement, car même l'état amoureux extrême peut être conçu comme une introjection de l'objet dans le *moi*. La distinction suivante porterait peut-être sur des points plus essentiels : dans le cas de l'identification, l'objet se volatilise et disparaît, pour reparaître dans le *moi*, lequel subit une transformation partielle, d'après le modèle de l'objet disparu ; dans l'autre cas, l'objet subsiste, mais se trouve doté de toutes les qualités par le *moi* et à ses dépens. Mais cette distinction, à son tour, soulève une objection. Est-il bien certain que l'identification comporte une négation des qualités de l'objet ? Ne peut-il y avoir identification, sans disparition de l'objet ? Mais, avant de nous engager dans la discussion de ces arides questions, nous pressentons déjà vaguement que la nature de la situation comporte une autre alternative, *selon que l'objet est mis à la place du moi ou de ce qui constitue l'idéal du moi.*

De l'état amoureux à l'hypnose la distance n'est pas grande. Les points de ressemblance entre les deux sont évidents. On fait preuve à l'égard de l'hypnotiseur de la même humilité dans la soumission, du même abandon, de la même absence de critique qu'à l'égard de la personne aimée. On constate le même renoncement à toute l'initiative personnelle ; nul doute que l'hypnotiseur n'ait pris la place de *l'idéal du moi*. Seulement, dans l'hypnose toutes ces particularités apparaissent avec plus de netteté et de relief, de sorte qu'il semblerait plus indiqué d'expliquer l'état amoureux par l'hypnose que de suivre la voie inverse. L'hypnotiseur est pour l'hypnotisé le seul objet digne d'attention ; tout le reste ne compte pas. Le fait que le *moi* éprouve, comme dans un rêve, tout ce que l'hypnotiseur exige et affirme, nous rappelle que nous avons omis de mentionner, parmi les fonctions dévolues à *l'idéal du moi,* l'exercice de l'épreuve de la réalité [3]. Rien d'étonnant si le *moi* considère une perception comme réelle, lorsque l'instance psychique, chargée de soumettre les événements à l'épreuve de la réalité, se prononce pour la réalité de cette perception. L'absence complète de tendances orientées vers des buts sexuels libres contribue à assurer l'extrême pureté des phénomènes. Le rapport hypnotique consiste dans un abandon amoureux total, à l'exclusion de toute satisfaction sexuelle, alors que dans l'état amoureux cette satisfaction ne se trouve refoulée que momentanément et figure toujours à l'arrière-plan, à titre de but possible.

Mais nous pouvons dire, d'autre part, que le rapport hypnotique représente, s'il est permis de se servir de cette expression, une formation collective à deux. L'hypnose se prête mal à la comparaison avec la formation collective, car elle est plutôt identique à celle-ci. De la structure compliquée d'une foule, elle présente à l'état isolé un élément : l'attitude de l'individu, faisant partie de la foule, à l'égard du meneur. Par cette limitation du nombre, l'hypnose se distingue de la formation collective, de même qu'elle se distingue de l'état amoureux par l'absence de tendances sexuelles directes. Elle occupe ainsi une place intermédiaire entre l'une et l'autre.

Il est intéressant de noter que ce sont précisément les tendances sexuelles déviées de leur but qui créent entre les hommes les liens les plus durables. Ceci s'explique facilement par le fait que ces tendances ne sont pas capables de recevoir une satisfaction complète, alors que les tendances sexuelles libres subissent un affaiblissement extraordinaire, une baisse de niveau, chaque fois que le but sexuel se trouve atteint. L'amour sensuel est destiné à s'éteindre, une fois satisfait ; pour pouvoir durer, il doit être associé dès le début à des éléments de tendresse pure, déviés du but sexuel, ou bien subir à un moment donné une transposition de ce genre.

L'hypnose nous révèlerait facilement l'énigme de la constitution libidinale d'une foule, si elle ne présentait elle-même des traits qui, tels que l'état amoureux sans tendances sexuelles directes, échappent encore à toute explication rationnelle. Sous beaucoup de rapports, l'hypnose est encore difficile à comprendre et se présente avec un caractère mystique. Une de ses particularités consiste dans une sorte de paralysie de la volonté et des mouvements, paralysie résultant de l'influence exercée par une personne toute-puissante sur un sujet impuissant, sans défense, et cette particularité nous rapproche de l'hypnose qu'on provoque chez les animaux par la terreur. La manière dont l'hypnose est provoquée, ses rapports avec le sommeil sont encore loin d'être élucidés ; et le choix énigmatique de personnes capables de la provoquer, alors qu'elle se montre tout à fait réfractaire à l'action d'autres, nous permet de supposer que dans l'hypnose se trouve réalisée une condition encore inconnue, essentielle à la pureté des attitudes libidinales. Autre fait digne de remarque : malgré la complète malléabilité suggestive de la personne hypnotisée, sa conscience morale peut se montrer très résistante. Il en est peut-être ainsi, parce que, dans l'hypnose, telle qu'elle est pratiquée habituellement, le sujet continue à se rendre compte qu'il ne s'agit que d'un jeu, d'une reproduction inexacte d'une autre situation, ayant une importance vitale beaucoup plus grande.

Les considérations qui précèdent nous permettent cependant d'établir la formule de la constitution libidinale d'une foule, telle du moins que nous l'avons envisagée jusqu'à présent, c'est-à-dire d'une foule ayant un meneur et n'ayant pas encore acquis secondairement, par suite d'une organisation trop parfaite, les propriétés d'un individu. *Ainsi envisagée, une foule primaire se présente comme une réunion d'individus ayant tous remplacé leur idéal du moi par le même objet, ce qui a eu pour conséquence l'identification de leur propre moi.* La représentation graphique de cette formule donnerait le dessin suivant.

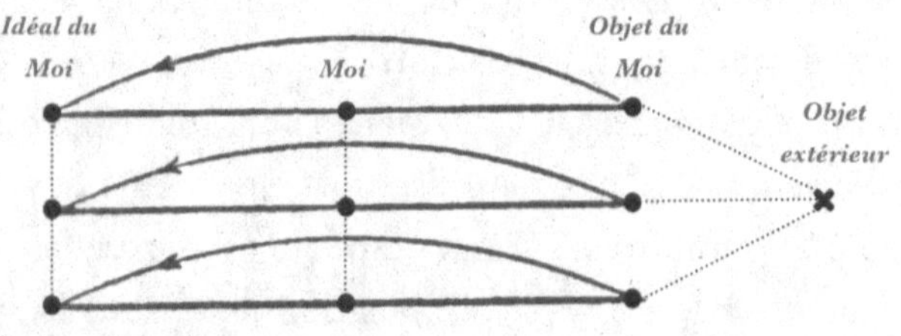

9
L'INSTINCT GRÉGAIRE

Notre illusion d'avoir résolu par cette formule l'énigme de la foule ne sera que de courte durée. Nous ne tarderons pas à être rappelés à la réalité inquiétante par le fait qu'au fond, nous nous sommes contentés de ramener l'énigme de la foule à l'énigme de l'hypnose qui, à son tour, présente encore tant d'obscurités. Et voilà surgir une autre objection qui nous montre le chemin ultérieur à suivre.

Nous devons dire que les nombreux liens affectifs qui caractérisent la foule suffisent, certes, à expliquer le manque d'indépendance et d'initiative chez l'individu, l'identité de ses réactions avec celles de tous les autres individus composant la foule, sa descente au rang d'une unité de la foule. Mais la foule, considérée dans son ensemble, présente d'autres caractères encore : abaissement de l'activité intellectuelle, degré démesuré de l'affectivité, incapacité de se modérer et de se retenir, tendance à dépasser, dans les manifestations affectives, toutes les limites et à donner issue à ces manifestations en agissant. Tous ces caractères et d'autres analogues, dont M. Le Bon nous a donné une description si impressionnante, représentent, à n'en pas douter, une régression de l'activité psychique vers une phase antérieure que nous ne sommes pas étonnés de trouver chez l'enfant et chez le sauvage. Une pareille régression caractérise plus particulièrement les foules ordinaires, alors que dans les foules présentant un degré d'organisation prononcé, les caractères régressifs se trouvent, d'après ce que nous savons, considérablement atténués.

Nous nous trouverions ainsi en présence d'un état dans lequel le sentiment individuel et l'acte intellectuel personnel sont trop faibles pour s'affirmer d'une manière autonome, sans l'appui des manifestations affectives et intellectuelles analogues des autres individus. Rappelons-nous à ce propos combien nombreux sont les phénomènes de dépendance dans la société humaine normale, combien peu on y trouve d'originalité et de courage personnel, à quel point l'individu est dominé par les influences d'une âme collective, telles que propriétés raciales, préjugés de classe, opinion publique, etc. L'énigme de l'influence suggestive s'obscurcit encore davantage, si nous admettons que cette influence s'exerce non seulement de meneur à menés, mais aussi d'individu à individu, et nous sommes portés à nous reprocher de n'avoir considéré que les rapports avec le meneur et d'avoir négligé l'autre facteur, celui de la suggestion réciproque.

Ainsi rappelés à la modestie, nous serons disposés à écouter une autre voix qui nous promet une explication fondée sur des principes plus simples. J'emprunte cette explication au livre intelligent de M. W. Trotter sur l'instinct grégaire, en regrettant seulement que l'auteur n'ait pas réussi à se soustraire aux antipathies déchaînées par la Grande Guerre [1].

M. Trotter déduit les phénomènes psychiques propres à la foule d'un instinct grégaire *(gregariousness)*, inné à l'homme comme aux autres espèces animales. Au point de vue biologique, cette grégarité n'est qu'une expression et une conséquence de la pluri-cellularité, et au point de vue de la théorie de la libido, elle serait une nouvelle manifestation de la tendance libidinale que présentent les êtres vivants ayant une constitution identique à former des unités de plus en plus vastes [2]. L'individu se sent « incomplet », lorsqu'il est seul.

Déjà l'angoisse du jeune enfant est une manifestation de cet instinct grégaire. L'opposition au troupeau équivaut à la séparation de lui et est, pour cette raison, anxieusement évitée. Mais le troupeau repousse tout ce qui est nouveau, inaccoutumé. L'instinct grégaire est un instinct primaire indécomposable *(which cannot be split up)*.

Les instincts primaires seraient, d'après M. Trotter, les suivants : l'instinct de conservation, de nutrition, l'instinct sexuel et l'instinct grégaire. Ce dernier peut souvent se trouver en opposition avec les autres. Les sentiments de culpabilité et la conscience du devoir seraient les deux propriétés caractéristiques d'un animal grégaire. C'est encore de l'instinct grégaire que M. Trotter fait dériver les forces de répression dont la psychanalyse a découvert l'existence chez l'individu et, par suite, les résistances auxquelles le médecin se heurte au cours du traitement psychanalytique. Le langage doit son importance à ce qu'il rend possible la compréhension réciproque au sein du troupeau, et c'est sur le langage que reposerait en grande partie l'identification des individus faisant partie du troupeau.

De même que M. Le Bon a insisté plus particulièrement sur les formations collectives passagères et M. Mc Dougall sur les associations stables, M. Trotter concentre son intérêt sur les associations les plus générales que forme l'homme, et dont il cherche à dégager les bases psychologiques. Son observation que Boris Sidis déduit l'instinct grégaire de la suggestibilité est, heureusement pour lui, superflue ; c'est une explication d'après un modèle inconnu, insuffisant, et le renversement de cette proposition, à savoir que la suggestibilité est plutôt un produit de l'instinct grégaire, me paraîtrait beaucoup plus naturel.

Mais avec plus de raison encore qu'à d'autres conceptions, on peut objecter à celle de Trotter qu'elle tient trop insuffisamment compte du rôle du meneur dans la foule, alors que nous sommes plutôt portés à croire qu'il est impossible de comprendre la nature de la foule, si l'on fait abstraction du meneur. L'instinct grégaire ne laisse, en général, pas place pour le meneur, lequel n'apparaîtrait dans la foule que comme par hasard et, en outre, on ne voit pas comment cet instinct peut engendrer le besoin d'un dieu : il manque un pasteur au troupeau. On peut, au surplus, réfuter la conception de M. Trotter à l'aide d'arguments psychologiques, en montrant, avec une certaine probabilité tout au moins, que l'instinct grégaire n'est pas indécomposable, qu'il n'est pas primaire au même titre et dans le même sens que l'instinct de la conservation et l'instinct sexuel.

Il n'est naturellement pas facile de suivre l'ontogenèse de l'instinct grégaire. La peur qu'éprouve le jeune enfant, lorsqu'il reste seul, et que M. Trotter considère déjà comme une manifestation de l'instinct grégaire, se laisse avec plus de vraisemblance interpréter autrement. Elle est l'expression d'un désir insatisfait, ayant pour objet la mère, plus tard d'autres personnes familières, désir dont l'enfant ne comprend ni la cause ni la nature et qu'il ne sait que transformer en angoisse [3]. Loin d'être apaisée par l'apparition d'un homme quelconque « du troupeau », son angoisse est, au contraire, provoquée par la vue d'un « étranger ». En outre, l'enfant reste longtemps dépourvu de l'instinct grégaire ou du sentiment collectif. Cet instinct et ce sentiment ne se forment que peu à peu dans la « nursery », comme effet des relations entre enfants et parents et comme réaction au sentiment de jalousie avec lequel l'enfant plus âgé commence par accueillir l'intrusion de l'enfant plus jeune. Le premier écarterait volontiers ce dernier, pour le séparer des parents et le dépouiller de tous ses droits ; mais en présence de l'amour égal que les parents manifestent à l'égard de tous les enfants et étant donné l'impossibilité de maintenir à la longue cette attitude hostile, sans préjudice pour ceux-là mêmes qui ont commencé par l'adopter, une identification finit par s'opérer entre tous les enfants, et un sentiment de communauté se forme qui subit à l'école un développement ultérieur. La première exigence qui naît de cette réaction est celle de justice, de traitement égal pour tous. On sait avec quelle force et avec quelle solidarité cette revendication s'affirme à l'école. Puisqu'on ne peut pas être soi-même le préféré et le privilégié, il faut que tous soient logés à la même enseigne, que personne ne jouisse de faveurs spéciales et de privilèges particuliers. On pourrait considérer comme invraisemblable cette transformation de la jalousie en un sentiment de solidarité chez des enfants réunis dans la même chambre et assis sur les bancs de la même école, si le même processus ne s'observait pas plus tard et dans d'autres circonstances. Songez à la foule de jeunes femmes et jeunes filles romanesques, amoureuses d'un chanteur ou d'un pianiste à la mode et venant se presser autour de lui, une fois le concert terminé. Sans doute, chacune a des raisons d'être jalouse de toutes les autres, mais étant donné leur nombre et vu l'impossibilité où chacune se trouve de s'emparer pour elle seule de l'objet de leur amour commun, toutes y renoncent et, au lieu de s'arracher mutuellement les cheveux, elles agissent comme une foule solidaire, adressent leurs hommages communs à l'idole et seraient heureuses de se partager une boucle de ses cheveux. Rivales au début, elles ont réussi finalement à s'identifier les unes avec les autres, en communiant dans le même amour pour le même objet. Lorsqu'une situation pathétique est susceptible de se terminer de plusieurs manières (et c'est le cas de la plupart d'entre elles), la solution qui survient le plus généralement est celle qui implique la possibilité d'une certaine satisfaction, alors que beaucoup d'autres, qui sembleraient pourtant plus naturelles, ne sont pas adoptées, parce que, dans les conditions offertes par la réalité, elles sont incompatibles avec la réalisation du but.

Toutes les autres manifestations dont on constate ultérieurement l'efficacité dans la vie sociale, comme, par exemple, l'esprit commun, l'esprit de corps, etc., découlent, elles aussi, incontestablement de la jalousie. Personne ne doit se distinguer des autres, tous doivent faire et avoir la même chose. La justice sociale signifie qu'on se refuse à soi-même beaucoup de choses, afin que les autres y renoncent à leur tour ou, ce qui revient au même, ne puissent pas les réclamer. C'est cette revendication d'égalité qui constitue la racine de la conscience sociale et du sentiment du devoir. C'est elle encore que nous retrouvons, d'une façon tout à fait inattendue, à la base de ce que la psychanalyse nous a révélé comme étant l'« angoisse d'infection » des syphilitiques, angoisse qui correspond à la lutte que ces malheureux sont obligés de soutenir contre le désir inconscient de communiquer leur maladie à d'autres : pourquoi doivent-ils rester seuls infectés et se voir refuser tant de choses, alors que les autres se portent bien et sont libres de participer à toutes les jouissances ?

La jolie anecdote sur le jugement de Salomon a encore la même signification : puisque l'enfant de l'une des femmes est mort, il ne faut pas que l'autre possède un enfant vivant. Ce désir a suffi au roi pour reconnaître la femme dont l'enfant était mort.

Le sentiment social repose ainsi sur la transformation d'un sentiment primitivement hostile en un attachement positif qui n'est, au fond, qu'une identification. Pour autant que nous pouvons suivre cette transformation à partir de son point de départ, elle semble s'effectuer sous l'influence d'un attachement commun, à base de tendresse, à une personne extérieure à la foule. Nous sommes nous-mêmes loin de trouver notre analyse complète, mais il suffit à nos besoins d'avoir fait ressortir ce trait, qui consiste dans l'exigence d'une égalité aussi complète que possible. Déjà à propos des deux foules conventionnelles, constituées par l'Église et par l'Armée, nous avons vu que leur principale caractéristique consiste en ce que tous les membres de l'une et de l'autre sont aimés d'un amour égal par un chef.

Or, il ne faut pas oublier que la revendication d'égalité, formulée par les foules, s'applique seulement aux membres qui les composent, et non au chef. Tous les individus veulent être égaux, mais dominés par un chef. Beaucoup d'égaux, capables de s'identifier les uns avec les autres, et un seul supérieur : telle est la situation qu'on trouve réalisée dans toute foule douée de vitalité. Aussi bien nous permettrons-nous de corriger la conception de M. Trotter en disant que, plutôt qu'un « animal grégaire », l'homme est un animal *de horde*, c'est-à-dire un élément constitutif d'une horde conduite par un chef.

10

LA FOULE ET LA HORDE PRIMITIVE

En 1917, j'ai adopté l'hypothèse de Ch. Darwin, d'après laquelle la forme primitive de la société humaine aurait été représentée par une horde soumise à la domination absolue d'un mâle puissant. J'ai essayé alors de montrer que les destinées de cette horde ont laissé des traces ineffaçables dans l'histoire héréditaire de l'humanité et, surtout, que l'évolution du totémisme, qui englobe les débuts de la religion, de la morale et de la différenciation sociale, se trouve en rapport avec la suppression violente du chef et avec le remplacement de la horde paternelle par une communauté fraternelle [1]. Il est vrai que ceci n'est qu'une hypothèse, comme tant d'autres par lesquelles les historiens de l'humanité primitive cherchent à éclairer la préhistoire : une *just so story*, selon l'expression d'un de mes aimables critiques anglais (Kroeger). Mais j'estime qu'une hypothèse n'est pas à dédaigner, lorsque, comme celle-ci, elle se prête à l'explication et à la synthèse de faits appartenant à des domaines de plus en plus éloignés.

Or, nous retrouvons dans les foules humaines ce tableau que nous connaissons déjà et qui n'est autre que celui de la horde primitive : un individu doué d'une puissance extraordinaire et dominant une foule de compagnons égaux. La psychologie de cette foule, telle que nous la connaissons d'après les descriptions si souvent mentionnées, à savoir la disparition de la personnalité consciente, l'orientation des idées et des sentiments de tous dans une seule et même direction, la prédominance de l'affectivité et de la vie psychique inconsciente, la tendance à la réalisation immédiate des intentions qui peuvent surgir, cette psychologie, disons-nous, correspond à une régression vers une activité psychique primitive.

[La caractéristique générale des hommes, telle que nous l'avons décrite précédemment, s'applique plus particulièrement à la horde primitive. La volonté de l'individu était trop faible pour se risquer à l'action. Les impulsions collectives étaient alors les seules impulsions possibles ; la volonté individuelle n'existait pas. La représentation n'osait pas se transformer en volonté, lorsqu'elle ne se sentait pas renforcée par la perception de sa diffusion générale. Cette faiblesse des représentations trouve son explication dans la force du lien affectif qui rattachait chacun à tous ses semblables ; mais l'uniformité des conditions de la vie et l'absence de propriété privée ont également contribué à produire ce conformisme des actes psychiques. Même les besoins d'excrétion admettent, comme cela se voit encore aujourd'hui chez les enfants et les soldats, une satisfaction en commun. La seule exception est constituée par l'acte sexuel pendant lequel la présence d'une troisième personne est tout au moins superflue, cette personne étant, dans les cas extrêmes, condamnée à une attente pénible. Pour ce qui est de la réaction du besoin sexuel (de la satisfaction génitale) à la grégarité, voir plus loin].

La foule nous apparaît ainsi comme une résurrection de la horde primitive. De même que l'homme primitif survit virtuellement dans chaque individu, de même toute foule humaine est capable de reconstituer la horde primitive. Nous devons en conclure que la psychologie collective est la plus ancienne psychologie humaine ; les éléments qui, isolés de tout ce qui se rapporte à la foule, nous ont servi à constituer la psychologie individuelle, ne se sont différenciés de la vieille psychologie collective qu'assez tard, progressivement et d'une manière qui, de nos jours encore, est très partielle. Nous allons essayer encore d'indiquer le point de départ de cette évolution.

Une première réflexion qui nous vient à l'esprit, montre sur quel point l'affirmation que nous venons de formuler exige une correction. Nous devons notamment admettre que la psychologie individuelle est plutôt aussi ancienne que la psychologie collective, car, d'après ce que nous savons, il a dû y avoir dès le commencement deux psychologies, celle des individus composant la masse et celle du père, du chef, du meneur. Les individus de la foule étaient aussi liés les uns aux autres qu'ils le sont aujourd'hui, mais le père de la horde primitive était libre. Même à l'état isolé, ses actes intellectuels étaient forts et indépendants, sa volonté n'avait pas besoin d'être renforcée par celle des autres. Il semble donc logique de conclure que son *moi* n'était pas trop limité par des attaches libidinales, qu'il n'aimait personne en dehors de lui et qu'il n'estimait les autres que pour autant qu'ils servaient à la satisfaction de ses besoins. Son *moi* ne s'abandonnait pas outre mesure aux objets.

À l'aube de l'histoire humaine, il représentait ce *surhomme* dont Nietzsche n'attendait la venue que dans un avenir éloigné. Aujourd'hui encore, les individus composant une foule ont besoin de savoir que le chef les aime d'un amour juste et égal, mais le chef lui-même n'a besoin d'aimer personne, il est doué d'une nature de maître, son narcissisme est absolu, mais il est plein d'assurance et indépendant. Nous savons que l'amour endigue le narcissisme, et il nous serait facile de montrer que par cette action il contribue au progrès de la civilisation.

Le père de la horde primitive n'était pas encore immortel, comme il l'est devenu plus tard, par suite de sa divinisation. Lorsqu'il mourait, il fallait le remplacer, et sa succession était probablement assumée par le plus jeune de ses fils qui était jusqu'alors un simple individu de la foule, comme tous les autres. Il doit être possible de transformer la psychologie collective en psychologie individuelle, de trouver les conditions dans lesquelles cette transformation est susceptible de s'effectuer, de même qu'il est possible, chez les abeilles, de faire produire d'une larve, en cas de besoin, une reine à la place d'une ouvrière. On ne peut ici imaginer la situation suivante : le père primitif empêchait ses fils de satisfaire leurs tendances sexuelles directes ; il leur imposait l'abstinence, ce qui eut pour conséquence, à titre de dérivation, l'établissement de liens affectifs qui les rattachaient à lui-même et les uns aux autres. Il les a, pour ainsi dire, introduits de force dans la psychologie collective. Ce sont sa jalousie sexuelle et son intolérance qui ont, en dernière analyse, créé la psychologie collective [2].

Devant celui qui devenait son successeur s'ouvrait la possibilité de la satisfaction sexuelle, ce qui avait pour effet l'affirmation de sa psychologie individuelle en face de la psychologie collective. La fixation de sa libido sur une femme, la possibilité de satisfaire immédiatement et sans délai ses besoins sexuels diminuaient l'importance des tendances déviées du but sexuel et augmentaient d'autant le degré du narcissisme. Nous reviendrons d'ailleurs, dans le dernier chapitre de cet ouvrage, sur les rapports entre l'amour et la formation du caractère.

Relevons encore les rapports très instructifs qui existent entre la constitution de la horde primitive et l'organisation qui maintient et assure la cohésion d'une foule conventionnelle. Nous avons vu que l'Armée et l'Église reposent sur l'illusion ou, si l'on aime mieux, sur la représentation d'un chef aimant tous ses subordonnés d'un amour juste et égal. Mais ce n'est là qu'une transformation idéaliste des conditions existant dans la horde primitive, dans laquelle tous les fils se savent également persécutés par le père qui leur inspire à tous la même crainte. Déjà la forme suivante de la société humaine, le clan totémique, repose sur cette transformation qui, à son tour, forme la base de tous les devoirs sociaux. La force irrésistible de la famille, comme formation collective naturelle, vient précisément de cette croyance, justifiée par les faits, en un amour égal du père pour tous ses enfants.

Mais le rapprochement entre la foule et la horde primitive est de nature à nous fournir des enseignements plus intéressants encore. Il doit projeter une lumière sur ce qui reste encore d'incompris, de mystérieux dans la formation collective, bref sur tous les faits que nous désignons sous les noms mystérieux d'hypnotisme et de suggestion. Rappelons-nous que l'hypnose renferme quelque chose de directement inquiétant ; et cet élément inquiétant ne peut lui venir que du fait de la répression de sentiments, désirs et tendances anciens et familiers [3]. Rappelons-nous également que l'hypnose est un état induit. L'hypnotiseur se prétend en possession d'une force mystérieuse ou, ce qui revient au même, le sujet attribue à l'hypnotiseur une force mystérieuse qui paralyse sa volonté. Cette force mystérieuse, à laquelle on donne encore communément le nom de magnétisme animal, doit être la même que celle qui constitue pour les primitifs la source du tabou ; c'est la force même qui émane des rois et des chefs et qui met en danger ceux qui les approchent (*Mana*). Comment l'hypnotiseur, qui possède cette force, la manifeste-t-il ? En ordonnant à la personne de le regarder dans les yeux ; il hypnotise d'une façon typique par le regard. Mais c'est précisément l'aspect du chef qui est pour le primitif plein de dangers et insupportable, de même que plus tard le mortel ne supporte pas sans danger l'aspect de la divinité. Moïse est obligé de servir d'intermédiaire entre son peuple et Jéhova, parce que son peuple ne pouvait pas supporter la vue de Dieu ; et lorsqu'il revient du Sinaï, son visage rayonne, parce que, comme chez le médiateur des primitifs [4], une partie de la *Mana* s'est fixée sur lui.

On peut toutefois provoquer l'hypnose d'une autre manière, en faisant fixer au sujet un objet brillant ou en produisant en sa présence un bruit monotone. Mais c'est un procédé contestable et qui a donné lieu à pas mal de théories physiologiques insuffisantes et même erronées. En réalité, ce procédé ne sert qu'à détourner et à fixer l'attention consciente. C'est comme si l'hypnotiseur disait au sujet : « Maintenant ne vous occupez que de ma personne, le reste du monde est dépourvu de tout intérêt ». Il est certain que ce discours, s'il était réellement prononcé, serait inefficace au point de vue technique, car il ne ferait qu'arracher le sujet à son attitude inconsciente et le pousser à la contradiction consciente. Mais pendant que l'hypnotiseur évite d'attirer sur ses intentions la pensée consciente du sujet et que celui-ci se plonge dans une attitude au cours de laquelle le monde doit lui apparaître comme dépourvu d'intérêt, toute son attention se trouve, sans qu'il s'en rende compte, concentrée sur l'hypnotiseur et il s'établit entre celui-ci et le sujet une attitude de rapport, de transfert. Les méthodes d'hypnotisation indirectes ont donc pour effet, comme tant de procédés techniques qui président aux calembours et aux bons mots, d'empêcher certaines dissociations de l'énergie psychique, susceptibles de troubler l'évolution du processus inconscient, et elles aboutissent finalement au même résultat que les influences directes exercées par la fixation d'objets brillants ou par les « passes » [5].

M. Ferenczi a raison de dire qu'en adressant au sujet l'ordre de dormir, qui sert d'introduction à l'hypnose, l'hypnotiseur prend, aux yeux de celui-là, la place des parents. Il croit pouvoir distinguer deux variétés d'hypnose celle qui résulte d'une suggestion apaisante, comme accompagnée de caresses, et celle qui est produite par un ordre menaçant. La première serait l'hypnose maternelle, la dernière l'hypnose paternelle [6]. D'autre part, l'ordre de dormir, destiné à provoquer l'hypnose, n'est en somme que l'ordre de détacher son intérêt du monde extérieur, pour le concentrer tout entier sur la personne de l'hypnotiseur : c'est d'ailleurs ainsi que le comprend le sujet lui-même, puisque dans ce détachement de l'intérêt des objets et faits du monde extérieur réside la caractéristique psychologique du sommeil, et c'est sur lui que repose l'affinité entre le sommeil véritable et l'état hypnotique.

C'est ainsi que, par ses procédés, l'hypnotiseur éveille chez le sujet une partie de son héritage archaïque qui s'est déjà manifesté dans l'attitude à l'égard des parents, et surtout dans l'idée qu'on se faisait du père : celle d'une personnalité toute-puissante et dangereuse, à l'égard de laquelle on ne pouvait se comporter que d'une manière passive et masochiste, devant laquelle on devait renoncer complètement à sa volonté propre et dont on ne pouvait aborder le regard sans faire preuve d'une coupable audace. C'est ainsi seulement que nous pouvons nous représenter l'attitude de l'individu de la horde primitive à l'égard du père de la horde. Ainsi que nous le savons par d'autres réactions, l'aptitude à revivre ces situations archaïques varie de degré d'un individu à l'autre. Le sujet est cependant capable de conserver une connaissance vague qu'au fond l'hypnose n'est qu'un jeu, qu'une reviviscence illusoire de ces impressions anciennes, ce qui suffit à l'armer d'une résistance suffisante contre les conséquences trop graves de la suppression hypnotique de la volonté.

C'est ainsi que ce qu'il y a d'inquiétant, de troublant, de coercitif dans le caractère des formations collectives, tel qu'il se révèle dans leurs manifestations suggestives, peut être expliqué avec raison par l'affinité qui existe entre la foule et la horde primitive, celle-là ayant sa source dans celle-ci. Le meneur de la foule incarne toujours le père primitif tant redouté, la foule veut toujours être dominée par une puissance illimitée, elle est au plus haut degré avide d'autorité ou, pour nous servir de l'expression de M. Le Bon, elle a soif de soumission. Le père primitif est l'idéal de la foule qui domine l'individu, après avoir pris la place de *l'idéal du moi*. L'hypnose peut à bon droit être désignée comme une foule à deux ; pour pouvoir s'appliquer à la suggestion, cette définition a besoin d'être complétée : dans cette foule à deux, il faut que le sujet qui subit la suggestion soit animé d'une conviction qui repose, non sur la perception ou sur le raisonnement, mais sur une attache érotique [7].

11

UN DEGRÉ DE DÉVELOPPEMENT DU MOI. L'IDÉAL DU MOI.

Si, à la lumière des descriptions, se complétant les unes les autres, que les auteurs nous ont données de la psychologie collective, on examine la vie de l'individu de nos jours, on se trouve en présence de complications faites pour décourager toute tentative de synthèse. Chaque individu fait partie de plusieurs foules, présente les identifications les plus variées, est orienté par ses attaches dans des directions multiples et a construit son *idéal du moi* d'après les modèles les plus divers. Chaque individu participe ainsi de plusieurs âmes collectives, de celles de sa race, de sa classe, de sa communauté confessionnelle, de son État, etc., et peut, de plus, s'élever à un certain degré d'indépendance et d'originalité. Ces formations collectives permanentes et durables ont des effets uniformes qui s'imposent à l'observateur avec moins de force que les manifestations des foules passagères se formant et se désagrégeant rapidement, qui ont fourni à M. Le Bon les éléments de sa brillante caractéristique de l'âme collective ; et c'est dans ces foules bruyantes, éphémères, superposées pour ainsi dire aux autres, qu'on observe le miracle de la disparition complète, quoique peut-être passagère, de toute particularité individuelle.

Nous avons essayé d'expliquer ce miracle, en supposant qu'il est dû à ce que l'individu renonce à son *idéal du moi* en faveur de l'idéal collectif, incarné dans le chef. Ce miracle, devons-nous ajouter à titre de correction, n'est pas également grand dans tous les cas. Quelquefois le divorce entre le *moi* et *l'idéal du moi* n'est pas complet, les deux peuvent continuer à coexister, le *moi* ayant conservé, en partie tout au moins, sa suffisance narcissique antérieure. Le choix du chef se trouve alors facilité dans une grande mesure. Il suffit qu'il possède les propriétés typiques de ces individus à l'état de pureté et de netteté particulières et qu'il leur en impose par sa force et par sa grande liberté libidinale, pour être aussitôt désigné comme chef et revêtu d'une toute-puissance à laquelle il n'aurait peut-être jamais prétendu sans cela. Quant aux autres, c'est-à-dire à ceux dont *l'idéal du moi* ne trouverait pas dans le chef une incarnation complète, ils sont entraînés « suggestivement », c'est-à-dire à la faveur de l'identification.

On voit que la contribution que nous apportons à l'explication de la structure libidinale d'une foule se réduit à la distinction entre le *moi* et *l'idéal du* moi et, consécutivement, à deux variétés d'attaches, l'une représentée par l'identification, l'autre par la substitution d'un objet libidinal extérieur à *l'idéal du moi*. L'hypothèse qui postule ce degré dans le *moi* et qui, comme telle, constitue le premier pas dans l'analyse du *moi* doit peu à peu trouver sa justification dans les domaines les plus divers de la psychologie. Dans mon travail *Zur Einführung des Narzissmus* [1], j'ai essayé de réunir les données pathologiques qui plaident en faveur de cette distinction. Mais tout autorise à espérer qu'une étude psychologique plus approfondie des psychoses fera tout particulièrement ressortir son importance. Pensons seulement au fait qu'à partir de ce moment le moi établit une relation entre un objet et *l'idéal du moi* émané de lui-même, et il est possible que nous assistions ici à la reproduction, à l'intérieur du *moi*, des actions et réactions réciproques qui, d'après ce que nous a révélé la théorie des névroses, se déroulent entre l'objet extérieur et le moi total.

Je me propose d'examiner ici une seule des conséquences possibles de ce point de vue, ce qui me permettra en même temps d'élucider un problème que j'ai été obligé de laisser ailleurs sans solution [2]. Chacune des différenciations psychiques que nous connaissons oppose une difficulté de plus au fonctionnement psychique, augmente sa labilité et peut devenir le point de départ d'un arrêt de fonctionnement, d'une maladie. C'est ainsi que la naissance représente le passage d'un narcissisme se suffisant à lui-même à la perception d'un monde extérieur variable et à la première découverte d'objets ; il résulte de cette transition trop radicale que nous ne sommes pas capables de supporter pendant longtemps le nouvel état créé par la naissance, que nous nous en évadons périodiquement, pour retrouver dans le sommeil notre état antérieur d'impassibilité et d'isolement du monde extérieur. Ce retour à l'état antérieur résulte d'ailleurs aussi d'une adaptation à ce monde extérieur qui, grâce à la succession périodique du jour et de la nuit, supprime pour un certain temps la plus grande partie des excitations que nous subissons pendant notre vie active.

Mais au cours de notre développement, nous avons subi une différenciation psychique, avec formation d'un *moi* cohérent, d'une part, et d'un *moi* inconscient, refoulé, extérieur à celui-ci, d'autre part ; et nous savons que la stabilité de cette nouvelle acquisition est exposée à des atteintes incessantes. Dans le rêve et dans la névrose, ce *moi,* inconscient, exilé, cherche par tous les moyens à s'insinuer, à forcer les portes de la conscience, protégées par des résistances de toutes sortes ; et dans l'état de santé éveillée nous avons recours à des artifices particuliers pour laisser entrer provisoirement dans notre *moi,* en tournant les difficultés, en trompant les résistances, cette partie refoulée dont nous attendons un certain plaisir. C'est en se plaçant à ce point de vue qu'on doit expliquer le trait d'esprit et l'humour, en partie aussi le comique en général. Tous ceux qui sont familiarisés avec la psychologie des névroses trouveront facilement des exemples analogues, d'une portée peut-être moindre. Je n'insiste pas, car j'ai hâte d'en venir à l'application qui nous intéresse plus particulièrement.

Or, nous pouvons parfaitement admettre que la séparation qui s'est opérée entre le *moi* et *l'idéal du moi* ne peut pas, elle non plus, être supportée pendant très longtemps et qu'elle doit subir de temps à autre une régression. Malgré toutes les privations et restrictions qui sont imposées à l'individu, la violation périodique des prohibitions constitue partout la règle, et nous en avons la preuve dans l'institution des fêtes qui, au début, n'étaient que des périodes pendant lesquelles les excès étaient autorisés par la loi, ce qui explique la gaieté qui les caractérisait. Les Saturnales des Romains et le carnaval de nos jours se rapprochent, sur ce point essentiel, des fêtes des primitifs, pendant lesquelles on se livrait à des débauches comportant la violation des commandements les plus sacrés. Or, comme *l'idéal du moi* comprend la somme de toutes les restrictions auxquelles l'individu doit se plier, la rentrée de l'idéal dans le *moi*, sa réconciliation avec le *moi* doit équivaloir pour l'individu, qui retrouve ainsi le contentement de soi-même, à une fête magnifique[3].

On sait qu'il y a des individus dont l'état affectif général oscille d'une façon périodique, allant d'une dépression exagérée à une sensation de bien-être élevé et en passant par certains états intermédiaires. Ces oscillations présentent d'ailleurs des amplitudes très variées, depuis les plus insignifiantes, à peine perceptibles, jusqu'aux plus extrêmes, comme dans les cas de mélancolie et de manie, états excessivement pénibles et sources de grandes perturbations dans la vie des personnes qui en sont atteintes.

Dans les cas typiques de ces états affectifs cycliques, les occasions extérieures ne semblent pas jouer un rôle décisif ; en fait de raisons ultérieures, on ne trouve chez ces malades rien de plus et rien d'autre que chez tous les autres malades. Aussi a-t-on pris l'habitude de considérer ces cas comme n'étant pas psychogènes. Mais il est d'autres cas, tout à fait analogues, d'états affectifs cycliques qui, eux, se laissent facilement réduire à des traumatismes psychiques. Il en sera question plus loin.

Les raisons qui déterminent ces oscillations spontanées des états affectifs sont donc inconnues. Nous ne connaissons pas davantage le mécanisme à la faveur duquel une manie vient se substituer à une mélancolie. Aussi bien pouvons-nous, à défaut d'autres explications, appliquer à ces malades l'hypothèse formulée plus haut : *l'idéal du moi,* après avoir exercé sur le *moi* un contrôle très rigoureux, se trouve momentanément absorbé par lui, fondu avec lui.

Afin d'éviter toute obscurité, retenons bien ceci : au point de vue de notre analyse du *moi,* il est incontestable que chez le maniaque le *moi* et *l'idéal du moi* ne font qu'un, de sorte que la personne, dominée par un sentiment de triomphe et de satisfaction qu'aucune critique ne vient troubler, se trouve libre de toute entrave, à l'abri de tout reproche, de tout remords. Il est moins évident, mais tout à fait vraisemblable, que la misère du mélancolique est l'expression d'une opposition aiguë entre les deux instances du *moi,* opposition par suite de laquelle l'idéal, sensible à l'excès, exprime sa condamnation impitoyable du *moi* par la manie de la petitesse et par l'auto-humiliation. Il s'agit seulement de savoir si la cause de ces rapports modifiés entre le *moi* et *l'idéal* doit être cherchée dans les révoltes périodiques, dont la possibilité a été admise plus haut, contre cette nouvelle instance, c'est-à-dire dans l'idéal, ou dans d'autres circonstances.

La transformation en manie ne constitue pas un trait indispensable du tableau morbide de la dépression mélancolique. Il y a des mélancolies simples, à accès unique, ou périodiques, qui ne subissent jamais ce sort. Mais il y a, d'autre part, des mélancolies dans lesquelles les occasions extérieures jouent un rôle étiologique évident. Ce sont celles qui surviennent soit à la suite de la mort d'un être aimé, soit à la suite de circonstances qui ont déterminé le détachement de la libido d'un objet aimé. Comme les mélancolies spontanées, ces mélancolies psychogènes peuvent subir la transformation en manie, avec retour consécutif à la mélancolie, le cycle recommençant ainsi plusieurs fois. La situation est donc assez obscure, d'autant que rares sont encore les formes et les cas de mélancolie qui aient été jusqu'à présent soumis à l'examen psychanalytique [4]. Les seuls cas que nous comprenions bien actuellement sont ceux où l'objet a été abandonné, parce qu'il s'est montré indigne d'amour. Il se trouve alors, par le mécanisme de l'identification, reconstitué dans le *moi* et sévèrement jugé par *l'idéal du moi*. Les reproches et attaques dirigés contre l'objet se manifestent alors sous la forme de reproches qu'on s'adresse à soi-même [5].

Même une mélancolie de ce dernier genre peut se transformer en manie, de sorte que cette possibilité apparaît comme une particularité indépendante de tous les autres caractères du tableau morbide.

Mais je ne vois aucune difficulté à introduire dans l'explication des deux variétés de mélancolie, de la spontanée et de la psychogène, le facteur que nous avons défini comme étant la révolte périodique du *moi* contre *l'idéal du moi*. En ce qui concerne les mélancolies spontanées, on peut admettre que *l'idéal* manifeste une tendance à la sévérité particulière, ce qui a pour conséquence automatique sa suppression momentanée. Dans les mélancolies psychogènes, la révolte du *moi* serait provoquée par les rigueurs que le *moi* subit de la part de l'idéal, dans le cas de son identification avec un objet réprouvé et repoussé.

12

QUELQUES CONSIDÉRATIONS SUPPLÉMENTAIRES

Au cours de notre recherche, que nous prions le lecteur de considérer comme provisoirement terminée, nous avons vu s'ouvrir devant nous plusieurs perspectives qui sollicitaient notre attention. Mais nous n'avons pu répondre à ces sollicitations, malgré les promesses de découvertes intéressantes et de points de vue féconds. Nous nous bornerons, dans ce chapitre final, à reprendre quelques-uns seulement des points que nous avons été obligés de négliger dans les chapitres précédents.

A. — La distinction entre l'identification du *moi* et la substitution d'un objet à *l'idéal du moi* trouve une intéressante illustration dans les deux grandes foules conventionnelles que nous avons étudiées précédemment : l'Armée et l'Église chrétienne.

Il est évident que le supérieur, c'est-à-dire, à proprement parler, le chef de l'armée sert aux soldats d'idéal, alors que le lien qui existe entre les soldats est celui de l'identification, dont chacun déduit les obligations de la camaraderie et celles des services et de l'assistance réciproques. Un soldat se rendrait, au contraire, ridicule, s'il voulait s'identifier avec son chef. Et ce n'est pas sans raison que, dans le camp de Wallenstein, le chasseur se moque du maréchal des logis en lui disant :

« Wie er räuspert und wie er spuckt,
Das habt ihr ihm glücklich abgeguekt! [1] *. »*

Il en est autrement dans l'Église catholique. Chaque chrétien aime le Christ comme son idéal et est lié aux autres chrétiens par l'identification. Mais l'Église exige de lui davantage. Il doit, d'une part, s'identifier avec le Christ et, d'autre part, aimer les autres chrétiens comme le Christ les a aimés. L'Église exige donc que la situation libidinale créée par la formation collective soit complétée dans deux directions. D'un côté, l'identification doit compléter l'amour ; d'un autre côté, l'amour doit venir compléter l'identification. Ce double complément dépasse manifestement la constitution de la foule. On peut être bon chrétien sans jamais avoir l'idée de se mettre à la place du Christ et d'étendre, comme il l'a fait, son amour sur tous les hommes. L'homme faible ne peut pas avoir la prétention de s'élever à la grandeur d'âme et à la force du Christ. Mais c'est en entretenant et en favorisant cette prétention que le christianisme cherchait à obtenir une morale plus élevée.

B. — Nous avons dit qu'il était possible de déterminer, dans le développement psychique de l'humanité, le moment où la psychologie individuelle s'est détachée de la psychologie collective, où l'individu a acquis une certaine indépendance par rapport à la foule [2].

Revenons rapidement sur le mythe scientifique relatif au père de la horde primitive. Ce père a été élevé plus tard à la dignité de Créateur du monde, et cela avec raison, car c'est lui qui a engendré tous les fils dont se composait la première foule. Il était pour chacun d'eux l'idéal, à la fois redouté et adoré, la source de la notion ultérieure de tabou. Cette majorité s'associa un jour, tua le père et le morcela. Aucun membre de la foule victorieuse n'a pu prendre sa place ou, si quelqu'un le faisait, il voyait s'élever contre lui la même hostilité, suivie de luttes et de meurtres. Et finalement tous se sont rendu compte qu'ils devaient renoncer à l'héritage du père. Ils formèrent alors la communauté fraternelle totémique, dont tous les membres jouissaient des mêmes droits, étaient liés par les mêmes prohibitions totémiques, devaient garder le souvenir du meurtre et expier leur crime. Mais le mécontentement de l'ordre de choses réalisé persista et devint la source de développements nouveaux. Peu à peu, les membres de la foule fraternelle furent amenés au rétablissement de l'ordre ancien sur un plan nouveau : l'homme devint le nouveau chef, mais chef de famille, et brisa les privilèges du régime matriarcal qui s'était instauré après la suppression du père. À titre de compensation, ce chef a pu alors reconnaître les divinités maternelles servies par des prêtres ayant subi la castration, selon l'exemple qu'avait donné le père de la horde primitive ; la nouvelle famille ne fut cependant que l'ombre de l'ancienne, les pères étaient nombreux, chacun limité dans ses droits par les droits des autres.

Les privations supportées avec impatience ont pu alors décider tel ou tel individu à se détacher de la masse et à assumer le rôle de père. Celui qui le fit, fut le premier poète épique, et le progrès en question ne s'est accompli tout d'abord que dans son imagination. Ce poète a transformé la réalité dans le sens de ses désirs. Il inventa le mythe héroïque. Était héros celui qui avait été le seul à tuer le père, lequel apparaissait encore dans le mythe comme un monstre totémique. Si le père a été le premier idéal du jeune garçon, le héros est devenu, tel qu'il a été créé par l'imagination du poète, le premier *idéal du moi* aspirant à supplanter le père. L'idée du héros se rattache probablement au plus jeune des fils, au préféré de la mère, que celle-ci avait préservé de la jalousie du père dont il devenait le successeur aux époques de la horde primitive. Dans l'élaboration poétique des réalités de ces époques, la femme, qui n'était que l'enjeu du meurtre, en tant que source de tentations et objet de convoitises, se trouvait probablement transformée en instigatrice et en complice active de ce méfait.

Le mythe attribue au héros seul l'exploit qui ne pouvait certainement être que l'œuvre de la horde entière. Mais, selon la remarque de

M. Rank, on retrouve dans la légende des traces très nettes de la situation réelle qu'elle défigure. Il est souvent question d'un héros, qui est la plupart du temps le plus jeune des fils, ayant échappé à la cruauté du père, grâce à sa niaiserie qui l'a fait estimer peu dangereux. Ce héros a une tâche lourde à remplir, mais il ne peut la mener à bien qu'avec le concours d'une foule de petits animaux (abeilles, fourmis). Ces animaux ne seraient que la représentation symbolique des frères de la horde primitive, de même que dans le symbolisme du rêve insectes et vermine figurent des frères et des sœurs (considérés, avec une nuance de mépris, comme de petits enfants). En outre, on reconnaît facilement dans chacune des tâches dont parlent le mythe et le conte une représentation symboliquement substitutive de l'action héroïque.

C'est donc par le mythe que l'individu se dégage de la psychologie collective. Le premier mythe était sûrement d'ordre psychologique : ce fut le mythe du héros. Le mythe explicatif de la nature ne serait survenu que plus tard. Le poète, qui a fait ce pas pour se dégager par l'imagination de la foule, sait cependant, d'après une autre remarque de M. Rank, y revenir dans la vie réelle. Car il s'en va à droite et à gauche, pour raconter à la foule les exploits que son imagination attribue au héros. Ce héros n'est, au fond, que lui-même. C'est ainsi qu'il se replonge dans la réalité, tout en élevant ses auditeurs à la hauteur de son imagination. Mais les auditeurs, qui connaissent le poète, savent s'identifier avec le héros dont ils partagent l'attitude, pleine de désirs irréalisés, à l'égard du père primitif [3].

Le mensonge du mythe héroïque culmine dans la divinisation du héros. Il est possible que le héros divinisé soit antérieur au dieu-père, qu'il annonce le retour du père primitif sous l'avatar d'une divinité. La succession chronologique serait donc la suivante : déesse-mère héros-dieu-père. Mais c'est seulement avec l'élévation du père primitif, qui n'a jamais été oublié, à la dignité divine, que la divinité acquiert les traits que nous lui connaissons encore aujourd'hui [4].

C. — Nous avons souvent parlé, au cours de cet ouvrage, de

tendances sexuelles directes et de tendances sexuelles déviées de leur but, et nous espérons que cette distinction n'a pas soulevé chez le lecteur trop d'objections. Nous croyons cependant qu'il ne serait pas inutile d'y revenir avec quelques détails, alors même que nous nous exposerions à répéter ce que nous avons déjà dit ailleurs.

Le premier et le meilleur exemple de tendances sexuelles déviées de leur but nous a été offert par l'évolution de la libido chez l'enfant. Tous les sentiments que l'enfant éprouve pour les personnes dont il reçoit les soins subsistent tels quels dans les désirs par lesquels s'expriment ses tendances sexuelles. L'enfant exige de ces personnes toutes les tendresses qu'il connaît, il veut les embrasser, les toucher, les regarder, il est curieux de voir leurs organes génitaux et d'assister à l'accomplissement de leurs fonctions les plus intimes, il promet d'épouser sa mère ou sa bonne, quelle que soit l'idée qu'il se fasse du mariage, se propose de faire mettre au père un enfant au monde, etc. L'observation directe et l'examen analytique ultérieur des restes infantiles ne nous laissent aucun doute sur le lien intime qui existe entre les sentiments de tendresse et de jalousie, d'une part, les intentions sexuelles, d'autre part, et nous montrent à quel point l'enfant fait de la personne qu'il aime l'objet de toutes ses tendances sexuelles encore mal orientées.

Cette première forme que l'amour revêt chez l'enfant et qui se rattache étroitement à l'*Œdipe-complexe* subit, on le sait, dès le début de la période de latence, une poussée de répression. Il n'en reste qu'un attachement affectif, de tendresse pure, pour les mêmes personnes, mais un attachement auquel on ne peut plus appliquer le qualificatif de « sexuel ». La psychanalyse, qui éclaire les profondeurs de la vie psychique, n'a pas de peine à montrer que les attaches sexuelles des premières années d'enfance subsistent, mais à l'état refoulé, inconscient. Elle autorise à affirmer que partout où nous nous trouvons en présence d'un sentiment tendre, celui-ci ne fait que succéder à un attachement purement « sensuel » à la personne en question ou est la représentation symbolique (*imago*) de cet attachement.

Certes, il faut un examen spécial pour se rendre compte si ce courant sexuel antérieur subsiste encore, dans un cas donné, à l'état refoulé, ou s'il est complètement tari. Ou, pour nous exprimer plus nettement : il est établi qu'il existe encore, en tant que forme et possibilité, et qu'il est capable, à chaque instant, par suite d'une régression, de reprendre le dessus : il s'agit seulement de savoir, et cela n'est pas toujours possible, quelle est son efficacité actuelle. Et, à ce propos, on doit se préserver contre deux sources d'erreur, contre la Scylla de la sous-estimation de l'inconscient réprimé et contre la Charybde de la tendance à juger les phénomènes normaux avec le critère que nous appliquons aux phénomènes pathologiques.

À la psychologie que ne veut pas pénétrer dans la profondeur de ce qui est réprimé, les attaches affectives, tendres apparaissent toutefois comme l'expression de tendances n'ayant pas de caractère sexuel, alors même qu'elles découlent de tendances qui ont eu la sexualité pour objet [5].

Nous sommes en droit d'affirmer que les tendances dont il s'agit ont été détournées de leurs buts sexuels, bien qu'il ne soit pas facile de décrire cette déviation du but conformément aux exigences de la métapsychologie. Il convient de dire toutefois que ces tendances entravées sont toujours quelque peu nuancées de sexualité : l'homme tendrement disposé, l'ami, l'adorateur recherche la proximité corporelle et la vue de la personne aimée, mais aimée d'un amour qui n'est plus que « paulinien ». Nous pouvons, si nous le voulons, voir dans cette déviation du but un commencement de sublimation des tendances sexuelles ou reculer encore davantage les limites de celles-ci. Au point de vue fonctionnel, les tendances sexuelles entravées ont un grand avantage sur les non-entravées. N'étant pas susceptibles d'une satisfaction complète, elles se montrent plus particulièrement capables de créer des attaches durables, alors que les tendances sexuelles directes subissent, après chaque satisfaction, une grande baisse de niveau, et dans l'intervalle qui s'écoule entre cette baisse de niveau et une accumulation de libido sexuelle, l'objet auquel on était attaché antérieurement peut être remplacé par un autre. Les tendances entravées peuvent se mélanger dans toutes les proportions possibles avec les non-entravées, subir une nouvelle transformation en celles-ci, après avoir été produites par elles.

On sait avec quelle facilité les relations affectives de nature amicale, fondées sur la reconnaissance et l'admiration, se transforment, surtout chez les femmes, en désirs érotiques : telles les relations entre maîtres et élèves, entre artistes et admiratrices enthousiastes.

La naissance même de ces attaches affectives, nullement intentionnelles au début, ouvre directement une porte d'entrée aux convoitises sexuelles. Dans la *Piété du comte de Zinzendorf,* Pfister a montré par un exemple frappant, et qui est sans doute loin d'être isolé, avec quelle facilité une intense attache religieuse se transforme en une ardente convoitise sexuelle. D'autre part, la transformation de tendances sexuelles directes en attachements durables, de tendresse pure, est un fait courant, et c'est sur cette transformation que repose en grande partie la consolidation de mariages conclus sous les auspices d'un amour passionné.

Nous ne serons naturellement pas étonnés d'apprendre que les tendances sexuelles entravées résultent de tendances sexuelles directes, lorsque des obstacles extérieurs ou intérieurs s'opposent à la réalisation des buts sexuels. Le refoulement qui s'effectue pendant la période de latence constitue un de ces obstacles intérieurs, ou devenus intérieurs. Pour ce qui est du père de la horde primitive, nous avons admis que son intolérance condamnait tous ses fils à l'abstinence sexuelle et leur imposait des attaches entravées dans leur but, alors qu'il se réservait à lui seul la libre jouissance sexuelle et l'indépendance de toute attache. Toutes les attaches sur lesquelles repose la foule découlent de tendances entravées. Mais avec cela nous abordons un nouveau sujet, celui relatif aux rapports entre les tendances sexuelles directes et la formation collective.

D. — Ces dernières remarques nous permettent déjà d'entrevoir en quoi les tendances sexuelles directes sont défavorables à la formation collective. Il y a bien eu, au cours de l'évolution de la famille, une phase de rapports sexuels collectifs (mariage de groupe), mais plus l'amour sexuel acquérait d'importance pour l'individu, plus celui-ci devenait capable d'être amoureux, et plus il tendait vers la limitation de l'amour à deux personnes — *una cum uno* — que semble imposer la nature même du but sexuel. Les tendances polygamiques devaient se contenter du remplacement successif d'un objet d'amour par un autre.

Les deux personnes réunies en vue de la satisfaction sexuelle constituent, par leur recherche de la solitude, une démonstration vivante contre l'instinct grégaire, contre le sentiment collectif. Plus elles sont amoureuses, et plus elles se suffisent. Leurs efforts de se soustraire à l'influence de la foule se manifestent sous la forme d'un sentiment de honte. Les émotions extrêmement violentes, suscitées par la jalousie, servent à protéger l'objet du choix sexuel contre le préjudice pouvant résulter pour lui d'une attache collective. C'est seulement dans les cas où la tendresse, c'est-à-dire le facteur personnel du rapport amoureux, s'efface complètement devant le facteur sensuel, que deviennent possibles des relations amoureuses étalées en publie, ou, comme dans l'orgie, des actes sexuels, simultanés, à l'intérieur d'un groupe. Mais par là-même s'effectue une régression vers un état antérieur des rapports sexuels, dans lequel l'amour proprement dit ne joue encore aucun rôle, tous les objets sexuels étant considérés comme ayant une valeur égale, à peu près dans le sens de ce mot méchant de Bernard Shaw : « Être amoureux signifie exagérer démesurément la différence entre une femme et une autre ».

De nombreux faits semblent témoigner en faveur de l'apparition assez tardive de l'amour dans les relations sexuelles entre homme et femme, et il en résulterait que l'opposition entre l'amour sexuel et l'attachement collectif est, lui aussi, tardif. Or, à première vue, cette supposition est de nature à paraître inconciliable avec notre mythe de la famille primitive. N'est-ce pas par amour pour les mères et les sœurs que la bande des frères a été poussée au meurtre du père et n'est-il pas difficile de se représenter cet amour autrement que comme un amour primitif, entier, c'est-à-dire un mélange intime d'amour tendre et d'amour sensuel ? Mais en y réfléchissant de près, on ne manque pas de constater que cette objection n'est, au fond, qu'une confirmation. Parmi les réactions provoquées par le meurtre du père, figure l'institution de l'exogamie totémique, c'est-à-dire la prohibition de tout rapport sexuel avec les femmes de la famille, tendrement aimées depuis l'enfance. Une scission a été ainsi opérée entre le côté tendre et le côté sexuel de l'amour masculin, scission dont les effets se font encore sentir de nos jours [6]. Par suite de cette exogamie, l'homme s'est trouvé obligé de satisfaire ses besoins sexuels avec des femmes étrangères qui ne lui inspiraient aucun sentiment d'amour et de tendresse.

Dans les grandes foules conventionnelles, telles que l'Église et l'Armée, il n'y a pas place pour la femme, en tant qu'objet sexuel. Les rapports amoureux entre homme et femme restent en dehors de ces organisations. Même dans les foules composées d'hommes et de femmes, les différences sexuelles ne jouent aucun rôle. Il n'y a pas lieu de demander si la libido qui maintient la cohésion des foules est de nature homosexuelle ou hétérosexuelle, car la foule n'est pas différenciée d'après les sexes et fait, plus particulièrement, abstraction des buts qui président à l'organisation génitale.

Les tendances sexuelles directes gardent un certain caractère d'individualité, même chez l'individu absorbé dans la masse. Lorsque cette individualité dépasse un certain degré, la formation collective est menacée de désagrégation. L'Église catholique a les meilleures raisons de recommander le célibat à ses fidèles et de l'imposer à ses prêtres, mais l'amour a souvent poussé même des ecclésiastiques à sortir de l'Église. L'amour de la femme rompt les liens collectifs créés par la race, s'élève au-dessus des différences nationales et des hiérarchies sociales, et ce faisant, il contribue dans une grande mesure aux progrès de la culture. Il paraît certain que l'amour homosexuel s'accommode plus facilement des liens collectifs, même là où il apparaît comme une tendance sexuelle non entravée : fait remarquable, dont l'explication nous entraînerait trop loin.

L'examen psychanalytique des névroses nous a montré que leurs symptômes découlent de tendances sexuelles directes, refoulées, mais demeurées actives. On peut compléter cette formule en ajoutant : ces symptômes peuvent encore découler de tendances entravées, mais entravées d'une façon incomplète ou rendant possible le retour au but sexuel réprimé. C'est ce qui explique pourquoi la névrose rend asocial, creuse un fossé entre l'individu qui en est atteint et les formations collectives dont il faisait habituellement partie. On peut dire que la névrose est pour la foule un facteur de décomposition, au même degré que l'amour. Aussi voit-on en revanche que toutes les fois que se manifeste une forte tendance aux formations collectives, les névroses s'atténuent et peuvent même disparaître provisoirement. On a d'ailleurs essayé, et avec raison, d'utiliser cette opposition entre la névrose et la formation collective dans un but thérapeutique. Celui-là même qui ne regrette pas la disparition des illusions religieuses dans le monde civilisé moderne conviendra que tant que ces illusions étaient assez fortes, elles constituaient pour ceux qui vivaient sous leur domination la meilleure protection contre les névroses. Il n'est de même pas difficile de reconnaître dans toutes les adhésions à des sectes ou communautés mystico-religieuses ou philosophico-mystiques l'expression d'une recherche de remède indirect contre toutes sortes de névroses. Tout cela se rattache à l'opposition entre tendances sexuelles directes et tendances sexuelles entravées.

Abandonné à lui-même, le névrotique est obligé de substituer ses formations symptomatiques aux grandes formations collectives dont il est exclu. Il se crée son propre monde imaginaire, sa propre religion, son système chimérique et reproduit aussi les institutions de l'humanité sous un aspect défiguré qui trahit la puissante contribution qu'apportent à ce travail les tendances sexuelles directes [7].

E. — Avant de terminer, dressons, en nous plaçant au point de vue de la libido, un tableau comparatif des différents états dont nous venons de nous occuper : état amoureux, hypnose, formation collective et névrose.

L'état amoureux repose sur la coexistence de tendances sexuelles déviées du but, l'objet attirant sur lui une partie de la libido narcissique du moi. Cet état est limité au moi et à l'objet.

L'hypnose ressemble à l'état amoureux par le fait qu'elle est également limitée au moi et à l'objet, mais elle repose principalement sur des tendances sexuelles entravées et met l'objet à la place de *l'idéal du* moi.

Dans la *foule,* ce processus subit une amplification ; la foule ressemble à l'état hypnotique par la nature des instincts qui en assurent la cohésion et par la substitution de l'objet à *l'idéal du moi ; mais,* dans la foule, s'ajoute à tous ces traits l'identification de chaque individu avec tous les autres, identification qui, primitivement, a peut-être été rendue possible, grâce à la même attitude à l'égard de l'objet.

Ces derniers états, l'hypnose et la formation collective, sont des survivances héréditaires de la phylogénie de la libido humaine, l'hypnose ayant subsisté comme prédisposition, la foule comme survivance directe. La substitution des tendances sexuelles entravées ou directes favorise dans ces deux états la séparation entre le moi *et l'idéal du moi,* séparation qui a déjà commencé dans l'état amoureux.

La *névrose* se détache de cette série. Elle repose, elle aussi, sur une particularité de l'évolution de la libido humaine, sur ce qu'on peut appeler la double articulation de la fonction sexuelle directe, caractère que la période de latence vient interrompre [8]. Elle partage, pour autant, avec l'hypnose et la formation collective, le caractère régressif qui est absent dans l'état amoureux. Elle se produit toutes les fois que le passage de buts sexuels directs à des buts sexuels entravés n'a pas pu s'effectuer complètement, et elle correspond à un *conflit* entre les tendances qui, absorbées, assimilées par le moi, ont effectué cette évolution, et des fractions ou fragments de ces mêmes tendances qui, faisant partie de l'inconscient refoulé, exigent, tout comme des sentiments et "des désirs complètement refoulés, leur satisfaction directe. La névrose possède un contenu extrêmement riche, puisqu'elle embrasse, d'une part, tous les rapports possibles entre le moi et l'objet, aussi bien ceux dans lesquels l'objet est maintenu que ceux dans lesquels il est abandonné ou érigé dans le moi lui-même et, d'autre part, les rapports naissant des conflits entre le moi et *l'idéal du* moi.

NOTES

1. INTRODUCTION

1. Psychiatre suisse qui a introduit le terme *autisme*.

2. L'ÂME COLLECTIVE

1. 28e édition, Alcan, 1921. Les numéros de page en note sont issus de cette édition.
2. *Op.cit.*, pp. 13-14.
3. *Op. cit., pp. 15-16.*
4. *Op. cit., p. 17.*
5. *Il y a, entre la conception de M. Le Bon et la nôtre, une certaine différence résultant de ce que sa notion de l'inconscient ne coïncide pas en tous points avec Celle adoptée par la psychanalyse. L'inconscient de M. Le Bon renferme les caractères les plus profonds de l'âme de la race, caractères qui ne présentent pour la psychanalyse aucun intérêt. Nous reconnaissons, certes, que le noyau du moi, dont fait partie « l'héritage archaïque » de l'âme humaine, est inconscient, mais nous postulons en outre l'existence d'un « refoulé inconscient », dérivé d'une partie de cet héritage. C'est cette notion du « refoulé » qui manque chez M. Le Bon.*
6. *Op. cit.*, p. 17-18. Nous utiliserons plus loin cette dernière proposition, en en faisant le point de départ d'une hypothèse importante.
7. *Op. cit.*, p. 17-19.
8. *Op. cit.*, p. 19.
9. *Op. cit.*, p. 19.
10. Cf. le distique de Schiller :

    « Jeder, sieht man ihn einzeln, ist leidlich klug und verstândig; sind sie in corpore, gleich wird euch ein Dummkopf daraus ».

    [Chacun pris à part peut être intelligent et raisonnable ; réunis, ils ne forment tous qu'un seul imbécile].
11. *Op. cit.*, p. 23.
12. M. Le Bon emploie correctement le mot « inconscient » dans un sens qui n'est pas uniquement celui de « refoulé ».
13. Cf. *Op. cit.*, p. 24.
14. Voir *Totem et Tabou*, chap. III : Animisme, magie et toute-puissance des idées (traduction française, Payot, Paris).
15. Dans l'interprétation des rêves à laquelle nous sommes redevables de que ce nous savons le mieux sur la vie psychique inconsciente, nous suivons cette règle technique : nous faisons abstraction de tous les doutes et incertitudes qui se manifestent au cours du récit du rêve et nous considérons comme également certains tous les éléments du rêve manifeste. Nous attribuons doutes et incerti-

tudes à l'action de la censure à laquelle est soumis le travail du rêve et nous admettons que le doute et l'incertitude, en tant que contrôle critique, sont étrangers aux idées primaires du rêve. Ils peuvent naturellement, au même titre que n'importe quel autre élément, faire partie du contenu des restes diurnes qui provoquent le rêve (Voir *Traumdeutung*, 5e édit., 1919, p. 386).

16. *Op. cit.*, p. 36. La même tendance à l'exagération, la même facilité d'aller aux extrêmes et au démesuré caractérisent l'affectivité de l'enfant et se retrouvent dans la vie de rêve où, grâce à la séparation qui existe, dans l'inconscient, entre les divers sentiments, une légère contrariété éprouvée pendant le jour se transforme en une haine mortelle contre la personne, cause de cette contrariété, de même qu'une légère tentation se transforme en une impulsion à commettre un acte criminel représenté dans le rêve. Le Dr Hans Sachs a fait à ce propos la jolie remarque suivante : « Ce que le rêve nous a révélé concernant nos relations avec le présent (la réalité), nous le recherchons ensuite dans la conscience, et nous ne devons pas nous étonner si les monstruosités que nous avons vues à travers le verre grossissant de l'analyse, nous apparaissent comme de minuscules infusoires » (*Traumdeutung, p. 357*).

17. *Op.cit.*, p. 43.

18. Chez le petit enfant, par exemple, des attitudes affectives ambivalentes à l'égard des personnes les plus proches peuvent exister pendant longtemps, sans qu'il en résulte le moindre conflit. Et lorsque le conflit éclate enfin, il est résolu par le fait que l'enfant change d'objet, qu'il déplace un des sentiments de son ambivalence sur un objet de substitution. Même en étudiant l'évolution d'une névrose chez l'adulte, on constate souvent qu'un sentiment réprimé peut persister pendant longtemps dans des rêves inconscients ou même conscients (dont le contenu se trouve naturellement, de ce fait, en opposition avec une tendance dominante), sans qu'il résulte de cette contradiction une révolte du moi contre le sentiment réprimé. Le rêve est toléré pendant un temps assez long, jusqu'au moment où, par suite le plus souvent d'une exagération de sa charge affective, un conflit éclate subitement entre lui et le moi, avec toutes les conséquences qu'il comporte.

À mesure que l'enfant, en se développant, se rapproche de l'âge adulte et mûr, sa personnalité devient de plus en plus intégrée, c'est-à-dire que ses diverses tendances et aspirations, qui jusqu'alors s'étaient développées indépendamment les unes des autres, se réunissent et se fusionnent. Nous connaissons déjà un processus analogue dans le domaine de la vie sexuelle, où toutes les tendances sexuelles finissent par converger, de façon à former ce que nous appelons l'organisation sexuelle. Mais que l'unification du moi soit sujette aux mêmes troubles que ceux qui s'opposent à l'unification de la libido, c'est ce que nous prouvent de nombreux exemples bien connus, comme ceux de savants restés croyants, etc.

19. *Op.cit.*, p. 85.

20. Voir *Totem et Tabou*.

21. *Op. cit.*, p. 109.

3. AUTRES CONCEPTIONS DE LA VIE PSYCHIQUE COLLECTIVE

1. Voir le texte et la littérature relative à ce sujet dans *Die Psychologie der Kollektivitäten*, par B. Kraskovic jun.
2. Voir Walter Moede, *Die Massenund Sozial-Psychologie im kritischen Ueberblick.* « *Zeitschrift* für Pädagogische Psychologie und Experinientelle Pädagogik », XVI, 1915.
3. *Op. cit.*, p. 22.
4. *Op. cit.*, p. 23.
5. *Op. cit.*, p. 24.
6. *Op. cit.*, p. 25.
7. *Op. cit.*, p. 39.
8. *Op. cit.*, p. 41.
9. *Op. cit.*, p. 45.
10. *Instincts of the herd in peace and war*, London, 1916.

4. SUGGESTION ET LIBIDO

1. Brugeilles, *L'Essence du phénomène social : la suggestion.* « Revue Philosoph. » XXV, 1913.
2. « Christophorus Christum, sed Christus sustulit orbem. Constiterit pedibus die ubi Christophorus? » Konrad Rtchter : *Der deutsche St. Christoph*, Berlin, 1896. *Acta Germanica*, V, 1.
3. Voir, par exemple, *A note on suggestion*, par Mc Dougall, dans « Journal of Neurology and Psychopathology » vol. 1, N° 1, mai 1920.
4. Nachmansohn, *Freud's Libidotheorie verglichen mil der Eroslehre Plalos*, « Internat. Zeitschr. f. PsychoanaL » III, 1915; Pfister, *ibid.*, VII, 1921.
5. « Quand je parlerais les langues des hommes, même des anges, si je n'ai point l'amour, je suis comme l'airain qui résonne ou comme une cymbale qui retentit. » (Corinthiens, II,chap. XIII).
6. « Ihnen zuliebe » pour leur être agréable.

5. DEUX FOULES CONVENTIONNELLES : L'ÉGLISE ET L'ARMÉE

1. *Kriegsneurosen und Psychiches trauma*, München, 1918.
2. *Op. cit.*, p. 24.
3. L'article très intéressant, bien qu'un peu fantaisiste, de Bela v. Felszeghy : « *Panik und Panikkomplex*, à Imago », VI, 120.
4. Cf. *Op. cit.*
5. Voir l'explication de phénomènes analogues, survenus après la chute de l'autorité patriarcale, dans *Die Valerlose Gesellschaft*, par P. Federn. Vienne, 1919.

6. NOUVEAUX PROBLÈMES ET NOUVELLES ORIENTATIONS DES RECHERCHES

1. *Parerga und Paralipomena,* IIe partie, XXXI : *Gleichnisse und Parabein.*
2. À la seule exception des rapports entre mère et fils, rapports qui, étant fondés sur le narcissisme, ne sont pas troublés par une rivalité ultérieure : ils seraient, au contraire, renforcés par une dérivation vers l'objet sexuel.
3. Dans *Au-delà du principe du plaisir,* je cherche à rattacher la polarité de l'amour et de la haine à une opposition entre les instincts de vie et les instincts de mort et à montrer dans les instincts sexuels les représentants les plus purs des premiers.
4. Voir Zur *Einführung des Narzissmus, 1914,* dans « Sammtung Kleiner Schriften zur Neuroseulehre» , 4e Série, 1918.

7. L'IDENTIFICATION

1. L'*Œdipe-complexe* sera remplacée plus tard par les psychanalystes français par *complexe d'Œdipe.* Freud utilise cette notion dès 1906. *Note de l'éditeur.*
2. Voir Freud : Trois *Essais sur la théorie de la Sexualité,* et Abraham : U*ntersuchungen über die früheste prägenitale Entwicklungsstufe der Libido,* dans« Internat. Zeitschr.f. PsychoanaL » IV, 1916, ainsi que *Klinische Beitrage zur Psychoanalyse,* du même auteur (« Internat. psychoanalyt. Bibliothek« , Bd. 10, 1921).
3. Markuszewicz, *Beitrag zum autistischen Denken bei Kindern,* « Internat. Zeitsch. f. Psychoan.« , VI, 1920.
4. *ZurEinführung des Narzissmus,* l.c.
5. Nous savons fort bien qu'avec ces exemples empruntés à la pathologie, nous n'avons pas épuisé la nature de l'identification et que nous avons laissé intacte une partie de l'énigme que présentent les formations collectives. Il faudrait, pour épuiser le sujet, se livrer à une analyse psychologique beaucoup plus profonde et compréhensive. En partant de l'identification et en suivant une certaine direction, on aboutit, à travers l'imitation, à *l'Einfühlung,* c'est-à-dire à la compréhension du mécanisme qui permet, en général, d'adopter une attitude déterminée à l'égard d'une autre vie psychique. Même dans les manifestations d'une identification déjà réalisée, beaucoup de points restent encore à élucider. L'identification a, entre autres, pour conséquence de s'opposer à l'agression contre la personne avec laquelle on s'est identifié, de la ménager, de lui venir en aide. L'étude de ces identifications, telles qu'elles sont, par exemple, à la base de la communauté formée par le clan, a révélé à Robertson Smith ce résultat surprenant qu'elles reposent sur la reconnaissance d'une commune substance *Kinship and Marriage,*1885) et peuvent, par conséquent, être créées par la participation à un repas commun. Cette particularité permet de rattacher les identifications de ce genre à l'histoire primitive de la famille humaine, telle que je l'ai esquissée dans mon livre *Totem et Tabou.*

8. ÉTAT AMOUREUX ET HYPNOSE

1. Voir *Sexualtheorie*, l. c.
2. *Ueber die allgemeine Erniedrigung des Liebeslebens*, in *Sammlung*, 4e Série, 1918.
3. *Voir Metapsychologische Ergänzung zur Traumlehre, in Sammlung Kleiner Schriften zur Neurosenlehre, 46 Série, 1918.*

9. L'INSTINCT GRÉGAIRE

1. *Instincts of the Herd in Peace and War*, London, 1916. Voir *Au-delà du principe du plaisir.*
2. Voir *Au-delà du principe de plaisir.*
3. Voir *Introduction à la Psychanalyse.*

10. LA FOULE ET LA HORDE PRIMITIVE

1. Totem et Tabou, Traduction française, Payot, Paris.
2. On peut également admettre que les fils, chassés et séparés du père, ont franchi l'étape de l'identification et s'étant élevés à l'amour homosexuel ont conquis la liberté qui leur a permis de tuer le père.
3. *Das Unheimliche, « Imag » , V, 1919.*
4. Voir *Totem et Tabou* et les sources qui y sont citées.
5. Le fait que la personne a son attention inconsciente concentrée sur l'hypnotiseur, alors que sa conscience est occupée par des perceptions indifférentes ou dépourvues d'intérêt, trouve son pendant dans les constatations faites au cours de traitements psychanalytiques et qui méritent d'être mentionnées ici. Il arrive au moins une fois au cours d'une analyse que le malade affirme avec insistance qu'aucune idée ne lui vient plus à l'esprit. Ses associations libres sont bloquées et les impulsions qui les mettent ordinairement en marche restent inefficaces. Mais si on le presse, le malade finit par avouer qu'il pense au paysage qu'il voit à travers la fenêtre du cabinet de consultation, au tapis qui couvre le mur ou au lustre qui descend du plafond. On constate ainsi qu'il commence à subir le transfert, qu'il est encore absorbé par des Idées inconscientes se rapportant au médecin, et ses idées cessent d'être bloquées, dès qu'on lui a donné l'explication de son état.
6. *Introjection und Uebertragung, « Jahrbuch der Psychoanalyse, 1, 1909.*
7. Je crois pouvoir attirer l'attention sur le fait que les considérations développées dans ce chapitre nous autorisent à remonter de la conception de l'hypnose, telle qu'elle a été formulée par Bernheim, à la conception ancienne, plus naïve. Bernheim croyait pouvoir déduire tous les phénomènes hypnotiques de la suggestion, considérée elle-même comme irréductible. D'après nous, la suggestion ne serait qu'une des manifestations de l'état hypnotique ayant sa source dans une prédisposition consciente dont les origines remontent à l'histoire primitive de la famille humaine.

11. UN DEGRÉ DE DÉVELOPPEMENT DU MOI.
L'IDÉAL DU MOI.

1. *Jahrbuch der Psychoanalyse,* VI, 1914. *SammlungKleiner Schriften zur Neurosenlehre,* 4e série.
2. *Trauer une Melancholie,* « *Internat.* Zeitschr. f. Psychoanal. » IV, 1916/18, « SammlungmKleiner Schriften zurNeurosenlehre », 4e série.
3. La coïncidence du *moi* avec *l'idéal du moi* produit toujours une sensation de triomphe. Le sentiment de culpabilité (ou d'infériorité) peut être considéré comme l'expression d'un état de tension entre le moi et l'idéal. M. Trotter déduit le refoulement de l'instinct grégaire. J'ai, somme toute, dit la même chose, tout en me servant d'un autre mode d'expression, lorsque j'ai assigné le même rôle à *l'idéal du moi (Einführung des Narzissmus).*
4. Voir Abraham : *Ansätze zur psychoanalytischen Erforschung und Behandlung des manisch-depressiven Irreseins, etc.* 1912, dans « Klinische Beiträge zur Psychoanalyse », 1921.
5. Ou plus exactement : ces reproches se dissimulent derrière ceux qu'on adresse à son propre *moi* et leur impriment la fermeté, la ténacité et le caractère impérieux et sans appel qui caractérisent les reproches dont s'accablent les mélancoliques.

12. QUELQUES CONSIDÉRATIONS
SUPPLÉMENTAIRES

1. « Vous l'imitez presque dans sa manière de cracher et de s'agiter. »
2. Les considérations qui suivent résultent d'un échange d'idées avec M. Rank.
3. Cf. Hans Sachs : Gemeinsame Tagträume. Compte rendu d'une communication faite au VIeCongrès psychanalytique à La Haye, 1920. « Internation Zeitschr. f. Psychoal. », VI, 1920.
4. Dans cet exposé abrégé, nous avons été obligés de renoncer à l'appui qu'auraient pu nous fournir les matériaux offerts par la légende, le mythe, le conte, l'histoire des mœurs, etc.
5. Les sentiments hostiles, qui ont une structure plus compliquée, ne font pas exception à cette règle.
6. *Cf. Ueber die allgemeinste Erniedrigung des Liebeslebens,* 1912. « Sammlung Kleiner Schriften zur Neurosenlehre », 4e série.
7. Voir *Totem et Tabou,* chap. II (fin)*: « Tabou et ambivalence »*
8. Voir *Sexualtheorie,* 4e édition 1920, p. 96.

————

« L'âge où nous entrons sera véritablement l'ère des foules. [...] Aujourd'hui ce sont les traditions politiques, les tendances individuelles des souverains, leurs rivalités qui ne comptent plus, et, au contraire, la voix des foules qui est devenue prépondérante. »

— Gustave Le Bon, *Psychologie des foules*, 1895